北京联合大学科技创新服务能力建设——高精尖学科建设（122
北京联合大学科研项目(SK90202110)资助出版

孙 月◎著

风险投资异质性、投资战略与IPO企业特征：来自日本的经验证据

VENTURE CAPITAL AFFILIATION AND
CHARACTERISTICS OF IPO FIRMS:
EVIDENCE FROM JAPAN

经济管理出版社
ECONOMY & MANAGEMENT PUBLISHING HOUSE

图书在版编目（CIP）数据

风险投资异质性、投资战略与 IPO 企业特征：来自日本的经验证据／孙月著．—北京：经济管理出版社，2022.9

ISBN 978-7-5096-8719-2

Ⅰ．①风…　Ⅱ．①孙…　Ⅲ．①资本市场—风险投资—研究—日本　Ⅳ．①F833.135

中国版本图书馆 CIP 数据核字（2022）第 201873 号

组稿编辑：魏晨红
责任编辑：杨国强
责任印制：黄章平
责任校对：张晓燕

出版发行：经济管理出版社
　　　　　（北京市海淀区北蜂窝 8 号中雅大厦 A 座 11 层　100038）
网　　址：www.E-mp.com.cn
电　　话：（010）51915602
印　　刷：北京市海淀区唐家岭福利印刷厂
经　　销：新华书店
开　　本：720mm×1000mm/16
印　　张：10.25
字　　数：110 千字
版　　次：2023 年 3 月第 1 版　　2023 年 3 月第 1 次印刷
书　　号：ISBN 978-7-5096-8719-2
定　　价：68.00 元

序　言

风险资本（Venture Capital，VC）被认为是积极的投资者不仅向创业企业提供资金支持，还通过提供监督、咨询以及认证等机制为企业带来增值效应。然而，近年的研究指出，风险投资在组织结构（隶属关系）上存在差异。风险投资的主导组织形式是有限合伙制（Independent Limited Partnership，IVC）。与此同时，随着大企业和金融机构等进入风险投资市场，也形成了一定规模的企业背景风险投资（Corporate-Venture Capital，CVC）和金融背景风险投资（Finance-affliated Venture Capital，FVC）。组织结构的不同，导致风险投资在投资动机以及投资行为上存在差异，进而作用于受资企业。鉴于风险投资对创业企业的成长具有决定性影响，因此，考察风险投资的组织结构差异对其投资战略以及受资企业的影响具有重要的理论意义和现实意义。

在进行大量的文献回顾后发现，现有文献对于这一课题尚未进行深入的研究。基于此，本书考察日本风险投资的组织结构、投资战略以及受资企业特征之间的关系。日本的相关研究数据为本书的开展提供了良好机会。首先，在日本，风险投资市场上不仅存在着传统风险投资 IVC，而且存在大量的 FVC。此外，在日本，银行被允许在 5% 范围内持有非金融机构和企业的股份。同时，日本的银行贷款数据中不仅披露了贷款对象企业信息，同时包含贷款数量信息。上述特有数据为我们精确地考察银行背景风险投资（Bank-affiliated VC，BVC）的战略性投资行为提供了便利。其次，已有研究普遍认为，相较于其他背景的风险投资，IVC 是更积极的投资者，能够向受资企业提供更多的增值服务。然而，在日本银行主导型金融体系下，银行在企业融资以及公司治理等方面发挥着至关重要的作用。不同于以 IVC 为主导的美国风险投资市场，日本的 FVC 在风险投资市场上具有更悠久的历史，并占据主导地位（Hamao et al.，2000；Wang et al.，2002；Mayer et al.，2005；Kutsuna et al.，2006）。在此背景下，以日本风险投资为对象的研究为我们揭示 IVC 的黑暗面提供了可能。最后，JASDAQ、MOTHERS 以及 HERCULES 是日本面向创业型企业的证券交易所。其中，与 JASDAQ 相比，MOTHERS 和 HERCULES 设有较宽松的上市条件。上市条件的差异使我们可以通过考察不同类型的风险投资企业的上市市场选择，以验证风险投资的组织结构差异是否影响其投资行为并通过受资企业呈现。

具体地，本书进行了如下研究：

第 1 章对风险投资及其文献进行了综述。

第 2 章对银行背景风险投资的战略性投资行为进行了探索。已有研究指出，不同于 IVC，BVC 是战略投资者，BVC 向创业企业投资的目的是拓展母银行的信贷业务。然而，对于 BVC 能否以及如何通过向创业企业投资而达到拓展母银行信贷业务的目标这一问题有待进一步探讨。基于此，第 2 章考察了 BVC 的股权投资与母银行贷款以及母银行董事派遣间的关系。在控制银行直接股权投资可能产生的影响后，结果显示，BVC 的投资能够显著地增加母银行向受资企业提供贷款的机会。并且，随着 BVC 持有股份的增多，母银行向创业企业派遣董事的可能性增加。以上结果表明，BVC 是从母银行的利益出发而开展投资活动的战略投资者。另外，以获得 BVC 投资的企业为样本的分析结果显示，BVC 的持股比例对母银行贷款额不存在显著影响。这一结果表明，通过 BVC 进行的间接投资与母银行的直接投资在拓展母银行信贷业务的作用效果上存在差异。

第 3 章揭示了 IVC 的黑暗面。已有研究普遍认为，与 FVC 相比，IVC 是更积极的投资者，在投资过程中能更有效地发挥监督和认证功能。不同于先前的研究，我们认为 IVC 也可能具有黑暗的一面，IVC 倾向于将未成熟的受资企业仓促上市。实证分析的结果支持了我们的假设，IVC 支持的企业在 IPO 时点的年龄显著地低于 FVC 支持的企业，企业规模显著地小于 FVC 支持的企业。由于过早地上市，IVC 支持的企业倾向于选择低声誉的承销商，并且在上市条件宽松的证券交易所上市。更重要的是，企业由于在未成熟阶段过早地上市，不得不承担较高的 IPO 抑价以及 IPO 长期业绩低迷的后果。

第 4 章考察了风险投资异质性对受资企业在 IPO 过程中的盈余管理行为的影响。关于企业在 IPO 中的盈余管理动机，先前研究并没有达成一致的结论。部分学者认为，IPO 企业管理者为了获得更高的发行价格而倾向于进行激进的盈余管理。部分学者则认为，企业管理者为了避免上市后业绩的严重下滑会更加偏好保守的会计政策。

以上研究结果表明，IPO 中的盈余管理行为取决于企业特征以及企业的上市动机。鉴于 IVC 支持的企业与 FVC 支持的企业在 IPO 时点呈现显著的特征差异，我们预测两者在 IPO 过程中的盈余管理决策上会做出不一致的选择。实证研究显示，FVC 支持的企业在上市前进行了显著的正向盈余管理，而 IVC 支持的企业则不存在显著的盈余管理行为。上市后企业的盈余管理水平与经营活动现金流量的变化呈显著的负相关关系，且在上市前盈余管理水平低的企业中更为显著。综上所述，在日本的 IPO 市场上存在相互对立的两种盈余管理动机：IVC 支持的企业为了防止上市后业绩的严重下滑，倾向于在 IPO 前采取保守的会计政策；不同于 IVC，FVC 支持的企业会为了获得更高的发行价格而在上市前进行收益向上的盈余管理。

第 5 章为本书的结论。总结本书的研究观点和结果，重点突出本书的创新和可能产生的贡献。

目　录

1 导　论

1.1　风险投资概述

风险投资（Venture Capital，VC）是指由专业投资者将资金投入到新兴的、迅速发展的、具有巨大发展潜力但同时也蕴藏着高失败风险的创业企业，以期获取高资本收益的一种商业投资行为（Sahlman，1990；Gompers and Lerner，2001）。

有限合伙制是风险投资的主导组织形式。在有限合伙制下，投资者作为有限合伙人（Limited Partner，LP）提供风险投资所需要的主要资金，以出资为限对风险投资基金承担有限责任，但不参与基金的经营管理与决策活动，而是将资金交由内部的普通合伙人（General Partner，GP），即风险投资家。风险投资家负责风险投资基金的运营，并对基金的运营风险承担无限责任。有限合伙制风险投资有预先确定的经济寿命，一般情况下为 7～10 年。在此基础上，设有延长经济寿命的条款；根据主要合伙人的意愿，风险投资基金可延长运营期限，最常见的延长期为 3 年。有限的经济寿命使风险投资家必须在合伙协议到期前，通过首次公开发行（Initial Public Offering，IPO）、兼并收购或者清算等方式退出被投资的创业企业，并将实现的利润按照有限合伙人的出资比例对其进行分配。同时，作为普通合伙人的风险投资家也将收获其报酬，主要来源有两个方面：一是风险投资资金的管理费（Management Fee），通常为风险投资资金总额的 1% ~ 3%；二是风险投资基金的资本利得提成（Carried Interest），通常为风险投资基金已实现的资本利得的 10% ~ 30%。另外，有限的经济寿命意味着风险投资机构必须定期地筹集新的有限合伙基金以充实自己的资本，从而维持投资活动的开展。对其他类型投资基金的理论和实证研究表明，过去的基金业绩对资本筹集具有重要作用（Diamond，1989；Chevalier and Ellison，1997；Sirri and Tufano，1998）。由此可见，无论是风险投资家的报酬，还是后续基金的筹资能力，都取决于其历史业绩表现。因此，风险投资家在投资后具有较强的动机通过实施监督治理、提供咨询建议和关系网络等方式积极地向受资创业企业提供增值服务。

在过去的几十年中，风险投资业取得了迅猛发展。20 世纪 80 年代，有 6.1 亿美元投资于美国新设风险投资基金。20 世纪 90 年代，投入新设风险投资基金的资金已增加到 23 亿美元。进入互联网繁荣时期，这一数字更是达到峰值，突破了 1000 亿美元。虽然受到网络经济泡沫破灭的影响，美国风险投资额有所下降，但在 2010 年，投入新设风险投资基金的资金仍保持在 30 亿美元水平上（Kaplan and Lerner，2010；Da Rin et al.，2011）。尽管风险投资在整个权益融资市场上所占比重仍然十分有限，但其在助力创业企业发展、推动经济增长方面发挥着重要的作用。据统计，1999～2009 年，美国约 60％ 的 IPO 企业都曾受到风险投资的支持（Kaplan and Lerner，2010）。事实上，在当今世界处于领先地位的高科技企业，如苹果、英特尔、微软以及谷歌等，无一例外都是在风险投资的支持下发展起来的。毫不夸张地说，风险投资是创业企业的孵化器和摇篮。因此，风险投资的投资活动不仅吸引了业界的目光，而且吸引了学者们的广泛关注。

1.2 文献综述

1.2.1 风险投资的增值效应

大量研究表明，风险投资在创业企业的成长过程中发挥着十分重要的作用。不同于银行等传统的金融机构，风险投资是积极的投资者，不仅向创业企业提供发展所需要的资金支持，同时通过参与创业企业的经营管理、提供运营服务以及实施监控等方式，向创业企业提供增值性服务（Gorman and Sahlman，1989；Sahlman，1990；Gompers，1995；Lerner，1995；Hellmann and Puri，2002；Hsu，2004；Bottazzi et al.，2008；Tian，2011）。

风险投资在对创业企业进行投资的过程中，面临着高风险和高度的信息不对称。分阶段投资是风险投资所能采用的最有力的对创业企业实施监督、控制的机制之一（Sahlman，1990）。通过分阶段的资本注入，风险投资能够定期地获取创业企业的相关信息、监督创业企业的发展情况、对创业企业的前景进行再评估，同时保留拥有自身退出低质量的创业企业的选择权。Gompers（1995）首次对风险投资的阶段性投资活动进行了实证研究。研究认为，代理成本和监督成本是影响阶段性投资结构的重要因素。风险投资在潜在的代理成本与监督成本之间进行权衡，以决定对创业企业进行重新评估和提供资本的频率。当风险投资认为面临较高的代理成本时，投资的存续期会缩短，同时再评估的频率会上升。进一步地，研究推测企业资产的性质会影响预期的代理成本和阶段性投资结构。有形资产越多，风险投资能够通过清算收回的投资就越多，因而能够降低严密监控创业企业的必要性，从而延长投资的存续期限。与此相对，研发支出水平高的企业通常面临着严重的代理问题，因而风险投资会缩短投资的存续期限。此外，已有研究表明，投资机会越多（市场价值—账面价值比率高）的企业更容易受到代理成本的影响，因而风险投资会加强对此类企业的监控。一项以包含 794 家受到风险投资支持的创业企业为样本的实证研究结果支持了代理理论的预测。风险投资对有形资产比重较高的企业会增加投资的存续期，降低监督强度。对未来投资机会多或 R&D 密集性高的企业，风险投资会减少创业企业每轮可获得的投资额，缩短投资存续期并增加投资轮次，提高监控的严密性从而降低代理成本。

在 Gompers（1995）的基础上，Tian（2011）进一步地考察了风险投资实施阶段性投资的动机以及经济后果，并提出三个假说：监督假说、套牢假说以及学习假说。其中，监督假说认为，风险投资既可以选择通过阶段性投资对所投资的创业企业实施管理，又可以选择通过任职董事、参与企业的日常经营管理等方式对受资企业实施直接的监控。然而，无论是实施直接的监控，还是阶段性投资，都是需要付出成本的。因此，风险投资会在直接监控和阶段性投资的成本间进行权衡。当实施直接监控会产生更高的成本时，风险投资机构倾向于选择将资金分阶段注入创业企业。套牢假说认为，阶段性投资有助于缓解风险投资与创业企业之间的套牢问题。学习假说则认为，阶段性投资为风险投资提供了一个实务期权，通过在投资决策过程中对创业企业实施监控和价值评估，最终放弃对于前景黯淡的创业企业的后续投资。对于上述假说进行的实证研究结果显示，随着创业企业与风险投资机构间地理距离的增加，风险投资机构会增加向创业企业的投资轮次、缩短投资的存续期并减少每轮次向创业企业的投资金额。进一步的研究结果显示，通过对地理距离较远的创业企业实施多轮次的阶段性投资，风险投资机构能够显著地增加创业企业 IPO 的概率，提高创业企业 IPO 后的长期业绩表现。上述研究结果支持了阶段性投资的监督假说。

除阶段性投资外，风险投资还可以通过直接介入创业企业的方式为创业企业提供增值服务。Gorman 和 Sahlman（1989）以及 Sahlman（1990）指出，风险投资家在投资后会投入大量的时间用于向创业企业提供增值服务，不仅会参与创业企业股东大会行使股东权力、参加创业企业董事会或监事会、帮助创业企业招募高层管理者，而且会为创业企业融资带来后备资源、介绍供应商和潜在客户、协助创业企业制定经营战略等。Lerner（1995）的研究首次为风险投资的价值增值活动提供了实证证据。Fama 和 Jensen（1983）、Williamson（1983）研究指出，创业企业的董事会构成是根据监控的需要而确定的。另外，Hermalin 和 Weisbach（1988）认为，创业企业中高级经理人的更换可能会使企业陷入危机，此时有必要加强对企业的监控。在上述理论研究的基础上，Lerner（1995）提出，如果风险投资是积极的监控者，那么在其所投资的创业企业发生 CEO 更替时，风险投资将会增加其在创业企业董事会中的代表权进而对创业企业实施更为严密的监控。同时，利用 1978 ~ 1989 年 271 家美国生物技术创业企业 653 轮融资数据进行的实证研究结果显示，与其他外部董事不同，在创业企业发生 CEO 更替事件前后，风险投资家会显著增加其在创业企业董事会中的代表权。此外，Lerner（1995）还发现，地理邻近性是影响风险投资向创业企业董事会派员的一个重要决定因素；创业企业很可能会选择一位在地理距离上邻近的风险投资家为董事。以上研究表明，对于创业企业实施监控是需要付出成本的，因此风险投资更倾向于对本地创业企业实施监控从而使成本最小化。

Hellmann 和 Puri（2002）认为，有风险投资持股的创业企业其运作更为专业化，以手动收集的美国硅谷受到风险投资资金支持与未收到风险投资资金支持的 173 家创业企业为样本进行研究发现，风险投资的资金支持能够使创业企业在组织专业化方面取得里程碑式的进步。具体表现为：获得风险投资资金支持的创业企业的人力资源政策更为规范化、更多地聘请专业的市场营销和销售人员以及更倾向于实施股权激励方案。此外，研究还发现，相对于没有风险投资支持的创业企业，获得风险投资支持的创业企业的创始人更有可能在短时间内被外部 CEO 取代，以完善企业内部治理机制。以上研究结果表明，不同于传统的金融中介机构，风险投资家在投资后会积极地致力于受资企业的增值性管理活动。

Bottazzi 等（2008）进一步地对风险投资增值性管理活动的影响因素及经济后果进行了考察。利用 1998～2001 年来自欧洲 119 家风险投资机构投资的 1652 家创业企业的数据进行实证研究发现，具有创业经历、高管经历或行业咨询经历的风险投资家更有可能通过帮助创业企业招募高层管理者、组建有效运行的董事会、协助创业企业募集后续资金以及与创业者频繁互动等方式，积极地为受资企业提供增值服务。进一步的研究结果显示，积极的增值性管理活动有利于风险投资机构通过公开上市（IPO）或并购市场进行股权转让的方式从创业企业成功退出。

Hsu（2004）为风险投资的增值性管理活动提供了间接但令人信服的证据。他认为，风险投资在向创业企业提供增值服务的能力方面存在差异，因此，创业企业在对待不同风险资本的态度以及向风险投资转让股票的价格方面也会有所不同。通过对 1984～2000 年获得风险投资联合投资的 149 家创业企业进行研究的结果显示，创业企业更乐于接受具有较高声誉的风险资本的投资。进一步的研究结果显示，与低声誉的风险投资相比，具有良好声誉的风险投资能够以较低的价格购入创业企业的股票。

1.2.2 风险投资与企业 IPO

由于风险投资经常参与创业企业 IPO，大量文献以 IPO 为背景考察了风险投资对创业企业的影响。其中，一部分学者考察了风险投资的介入会对受资企业的 IPO 抑价以及 IPO 后长期业绩表现产生何种影响，也有部分学者探讨了 IPO 过程中风险投资对创业企业会计信息质量的影响。

1.2.2.1 风险投资与 IPO 抑价

企业在首次公开发行时的发行定价通常会低于其在二级市场的首日交易价格，从而导致较高的超额收益率存在。这一现象被称为"IPO 抑价"并普遍存在于各国证券市场上（Ritter，1991；Hwang and Jayaraman，1993；Kim et al.，1993；Loughran et al.，1994；Pettway and Kaneko，1996；Paudyal et al.，1998；Beckman et al.，2001；Chan et al.，2004；Kirkulak and Davis，2005）。大量学者围绕产生 IPO 抑价现象的原因进行了探索并将其归因于存在信息不对称问题；不完全信息投资者面临着较高的交易风险，在此背景下，股票发行企业不得不通过降低发行价格的方式来弥补不完全信息投资者所承担的风险，进而保证新股的顺利发行（Ritter，1984；Beatty and Ritter，1986；Rock，1986）。

先前的研究指出，由于风险投资在投资后会积极地向创业企业提供增值服务，具有"认证作用"，从而能够缓解投资者与创业企业之间的信息不对称。因此，获得风险投资支持的创业企业应具有较低的 IPO 抑价率。Barry 等（1990）以 1978～1987 年获得风险投资支持的 433 家 IPO 企业为研究样本对上述假说进行了实证检验。研究结果显示，风险投资在投资过程中通常持有被投资企业相当比例的股份，并在受资企业 IPO 后继续保有相当的持股比例。此外，风险投资还倾向于向受资企业派遣董事，并倾向于在企业 IPO 后继续保留其在董事会的席位，以便能够有效地对受资企业提供增值服务。因此，风险投资对受资企业的价值具有认证功能并且被市场所认可，从而表现为获得风险投资支持的创业企业在上市时具有较低的首日抑价。

在 Barry 等（1990）研究的基础上，Megginson 和 Weiss（1991）进一步地对 1983～1987 年获得风险投资支持以及无风险投资支持的 IPO 企业的首日抑价率进行了比较。研究结果显示，风险投资支持企业的 IPO 抑价率显著地低于没有风险投资支持的企业。此外，研究还发现，风险投资在受资企业上市后会保留其持有的大部分股份。以上结果支持了风险投资具有监督功能和认知效应的假说。Dolvin 和 Jordan（2008）以 1990～1998 年上市的企业为样本的研究也取得了一致的结论；风险投资支持的 IPO 企业的首日抑价率显著地低于没有风险投资支持的 IPO 企业。综上所述，以 IPO 抑价为对象的实证研究支持了风险投资具有监督和认证作用的观点。

1.2.2.2 风险投资与 IPO 长期绩效

Ritter（1991）、Jain 和 Kini（1994）以及 Loughran 和 Ritter（1995）以美国 IPO 企业为样本展开的实证研究结果显示，首次公开发行的股票存在长期弱势现象，即 IPO 企业在上市后的较长一段时间里为其持有者带来的收益显著地低于其他同类型的非 IPO 企业。

进一步地，已有研究指出"机会窗口"可能是导致这一现象的原因；由于投资者与管理层之间存在着信息不对称，为募集更多的资金、实现利润最大化，管理者可能会利用信息不对称的存在而选择在企业相对业绩最优或市场过热时公开上市，即企业管理者在上市过程中具有择时倾向。

IPO 后的长期弱势现象也被发现存在于其他国家的证券市场上（Aggarwal et al.，1993；Levis，1993；Kim et al.，1995；Cai and Wei，1997；Paudyal et al.，1998；Kutsuna et al.，2002）。鉴于风险投资经常参与创业企业的 IPO，学者们围绕风险投资的介入是否会改善创业企业 IPO 后的长期业绩低迷进行了研究。Jain 和 Kini（1995）认为，由于风险投资会积极地对创业企业提供增值服务，因而能够为创业企业上市后的长期绩效提升做出贡献。利用 1976～1988 年美国 136 家获得风险投资支持的 IPO 企业和与之匹配的 136 家无风险投资支持的 IPO 企业为样本进行实证分析的结果显示，风险投资支持的创业企业上市后其长期经营业绩显著地优于无风险投资支持的企业。此外，该研究还发现，风险投资能够向市场传递企业价值的相关信息并反映 IPO 定价过程。进一步地，Brav 和 Gompers（1997）发现，获得风险投资支持的创业企业上市后其长期市场业绩显著地优于无风险投资支持的创业企业。Rindermann（2004）、Tykvova 和 Walz（2007）以欧洲市场为研究对象的实证研究得到了一致的结论，即风险投资对创业企业上市后的长期业绩表现具有积极的影响。

1.2.2.3 风险投资与 IPO 盈余管理

IPO 过程中的盈余管理一直是资本市场研究的热点问题之一。已有文献发现，企业在 IPO 阶段普遍存在着盈余管理行为。其中，大部分研究指出，IPO 企业的管理层为使股票更具有吸引力、获得更高的发行价格，有强烈的动机在会计准则允许的范围内利用会计处理的灵活性来提高企业的盈余水平（Aharony et al.，1993；Friedlan，1994；Chaney and Lewis，1998；Teoh et al.，1998；Ducharme et al.，2001，2004；Roosenboom et al.，2003；Darrough and Rangan，2005；Kao et al.，2009）。然而，一部分学者认为，企业出于对上市后业绩严重下滑及其潜在的诉讼风险和融资环境恶化的担忧，IPO 企业管理者可能在上市前调减利润，即进行负向盈余管理（Kimbro，2005；Ahmad‑Zaluki et al.，2011；Ball and Shivakumar，2008；Francis et al.，2012）。

在此基础上，学者们对于风险投资的介入如何影响 IPO 中的盈余管理进行了研究。由于上市前收益向上的盈余管理具有不可持续性和反转性，导致企业上市后面临严重的业绩下滑，进而损害风险投资的声誉。因此，风险投资会阻止上市公司进行正向的盈余管理。Morsfield 和 Tan（2006）为这一观点提供了实证证据，相较于没有风险投资支持的 IPO 企业，获得风险投资支持的 IPO 企业的盈余管理水平相对较低。Hochberg（2012）取得了一致的结论，风险投资能够有效地抑制 IPO 过程中的盈余管理行为。

1.2.3　风险投资的组织结构与投资行为

已有研究表明，风险投资是积极的投资者，不仅能够向创业企业提供资金支持，还能够向创业企业提供增值服务。最近的研究表明，风险投资在组织结构上存在着差异。如前所述，有限合伙制是风险投资的主要组织形式，与此同时，也存在大型企业、银行以及证券公司设立的附属机构，即企业背景风险投资（Corporate Venture Capital，CVC）、银行背景风险投资（Bank-affiliated Venture Capital，BVC）和券商背景风险投资（Securities Firm-affiliated Venture Capital，SFVC）。先前的研究指出，不同背景的风险投资在投资战略上存在差异；相比于纯粹地追求高投资收益的独立系风险投资，企业背景、银行背景以及券商背景的风险投资更多地基于战略需要而投资于创业企业（Gompers and Lerner，1998；Gompers and Lerner，2000；Hamao et al.，2000；Hellmann，2002；Wang et al.，2002；Mayer et al.，2005；Hellmann et al.，2008；Hoberg and Seyhun，2009；Masulis and Nahata，2009；Arikawa and Imad'Eddine，2010；Ivanov and Xie，2010）。

1.2.3.1 企业背景风险投资

部分学者对企业背景风险投资的投资活动进行了考察。其中，Hellmann（2002）构建的模型指出，不同于以获取高投资收益为目的而开展投资活动的独立系风险投资，企业背景风险投资更多地出于母公司的核心业务发展需要而对创业企业进行投资，以期在投资后与受资企业以各种各样的形式达成战略关系，产生协同效应。该模型中假设，创业企业可以在独立系风险投资和企业背景风险投资之间进行选择，且该选择取决于风险投资可能为企业提供的增值服务价值。当创业企业与企业背景风险投资的母公司的战略相契合时，由于企业背景风险投资具有更强烈的动机提供增值服务，因此创业企业更倾向于接受企业背景风险投资。然而，当创业企业可能成为企业背景风险投资的母公司的潜在竞争对手时，创业企业会选择独立系风险投资。此外，Hellmann（2002）还提出，为了实现战略投资目标，相对于独立系风险投资，企业背景风险投资在投资时会支付更高的价格以获取创业企业的股票。

Masulis 和 Nahata（2009）实证检验了 Hellmann（2002）的模型，发现创业企业为了发展需要，不仅会接受来自互补型企业背景风险投资的投资，而且可能会接受来自具有竞争关系的企业背景风险投资的投资。当与企业背景风险投资的母公司具有战略互补关系时，创业企业在董事会所占比例相对较低。然而，当与企业背景风险投资的母公司可能成为竞争对手时，创业企业通常会要求在董事会中占有较多席位。鉴于创业企业在设立之初，产品和服务的定位尚不明确，可能会对企业背景风险投资的母公司构成威胁，因此与独立系风险投资相比，企业背景风险投资较少向处于初期阶段的创业企业进行投资。进一步地，Masulis 和 Nahata（2009）的研究还认为，企业背景风险投资购入创业企业股票的价格显著地高于独立系风险投资。上述研究结果为 Hellmann（2002）提供了证据支持。

Gompers 和 Lerner（2000）以 IPO 企业为样本考察了风险投资的组织结构对其投资战略的影响。与 Masulis 和 Nahata（2009）的结论一致，该研究发现，与独立系风险投资相比，企业背景风险投资在投资时需要支付创业企业更高的价格。研究还发现，与独立系风险投资类似，企业背景风险投资能够成功地以 IPO 或兼并收购形式从创业企业退出，这一现象在企业背景风险投资的母公司与创业企业的战略处于互补关系时更为显著。类似地，Ivanov 和 Xie（2010）研究表明，当创业企业与企业背景风险投资的母公司的战略相契合时，企业背景风险投资的增值效应更显著，因此创业企业无论是在 IPO 时，还是被作为并购对象时，均能够获得较高的估值。

1.2.3.2　银行背景风险投资

相较于吸引了大量学者关注的企业背景风险投资，在美国之外的市场上占有重要地位的银行背景风险投资的研究积累却相对缺乏（Mayer et al.，2005）。

Hellmann（2002）指出，与企业背景风险投资类似，银行背景风险投资也是战略投资者，其向创业企业进行股权投资的目的是拓展母银行的信贷业务。因此，银行背景风险投资支持的企业可能呈现出与独立系风险投资截然不同的特征。

Wang 等（2002）对独立系风险投资与银行背景风险投资的投资行为进行了比较分析。研究发现，独立系风险投资为了获取更高的资本收益而倾向于以处于早期发展阶段的高新技术企业为投资对象。与之相对，由于银行系风险投资的投资目的是吸引优质创业企业以便于后期拓展母银行的业务，为降低母银行未来的信贷风险，银行背景风险投资更倾向于投资处于成熟期、风险较低的非高新技术企业。

Mayer 等（2005）和 Hellmann 等（2008）得到了一致的结果，银行背景风险投资更乐于向低风险的创业企业进行投资。特别地，Hellmann 等（2008）发现获取银行背景风险投资或者母银行直接股权投资的创业企业更有可能从母银行贷款。这一结果证实了银行背景的风险投资属于战略投资者，通过向创业企业进行投资建立联系，从而增加母银行向受资企业提供贷款的机会。

1.2.3.3　券商背景风险投资

除企业、银行背景的风险投资外，券商背景风险投资在风险投资市场中占比较大。特别是在日本，券商背景风险投资在市场上占据主导地位，且在通常情况下，券商背景风险投资的母公司会在创业企业上市过程中担任承销商。关于券商背景风险投资在创业企业IPO过程中的作用，Gompers和Lerner（1998）以及Hamao等（2000）提出了利益冲突假说，即券商背景的风险投资为获取更多的承销收入，可能在股权发行过程中设定较高的发行价格，从而导致券商背景风险投资支持的IPO企业长期业绩低下。

Hoberg和Seyhun（2009）研究证实，主承销商和风险投资可能以牺牲投资者的利益为代价而相互勾结。风险投资为实现承销商的利益最大化而接受较高的IPO抑价。作为交换，主承销商会在风险投资退出创业企业时提供有利的分析报告和市场支持，从而使风险投资可以获得较高的退出收益。Arikawa和Imad·Eddine（2010）研究得到了一致的结论，获得券商背景风险投资支持的企业具有较高IPO抑价。然而，与Hamao等（2000）不同，Imad·Eddine（2010）认为券商背景风险投资的支持使承销商与IPO企业成为利益共同体，导致投资者不相信其所属的承销商能够如实报告企业价格，即承销商的认证效用被严重地削弱，因此企业的首日抑价程度相对较高。

1.3　研究内容

　　如前所述，风险投资在组织结构上存在差异；独立系风险投资是风险投资的主导组织形式，而与此同时也存在着企业背景和金融背景等不同类型的风险投资。这一现象在美国以外的资本市场上更为普遍。

　　Barry 等（1990）研究显示，1983～1987 年，IPO 上市的美国企业中，74% 的企业获得了来自独立系风险投资的投资[①]。然而，在银行主导型金融体系的国家中，大部分风险投资是作为金融机构的附属设立的。

　　Hamao 等（2000）研究表明，1989～1996 年获得风险投资支持并在东京证券交易所上市的 IPO 企业中，获取金融背景风险投资支持的企业比例为 81%（其中，银行背景风险投资和券商背景风险投资支持的企业所占比重分别为 34% 和 47%），而获得独立系风险投资支持的 IPO 企业比例仅为 8%。相似地，1999～2000 年取得风险投资支持并在德国新市场上市的 IPO 企业中，获得独立系风险投资支持的 IPO 企业的比例为 54%，而获取银行背景和企业背景风险投资支持的 IPO 企业的比例则分别为 31% 和 6.6%（Tykvova and Walz，

---

　　① Barry 等（1990）认为，在具有风险投资背景的 IPO 企业中，获得来自券商背景风险投资支持的 IPO 企业占比为 10.4%，而获得银行背景和企业背景风险投资支持的 IPO 企业的比例则分别为 8.5% 和 5.7%。

2007）。

Wang 等（2002）以 1987～1999 年在新加坡证券市场上市的 IPO 企业为样本的研究显示，在具有风险投资背景的 IPO 企业中，45.3% 的企业受到来自独立系风险投资的支持，39.1% 的企业获得了来自金融背景风险投资的支持，而仅有 6.3% 的企业获得的投资来自企业背景风险投资（见图 1.1）。风险投资的组织结构对其投资战略具有决定性影响。

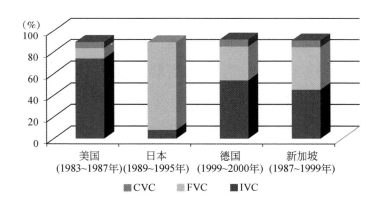

图 1.1　不同国家的风险投资构成

另外，风险投资在受资企业的成长过程中发挥着重要作用，因此，考察风险投资的组织结构如何影响其投资战略进而作用于受资企业，具有重要的理论和实际意义。然而，现有研究中大多将风险投资视为同质投资者而忽视了风险投资在组织结构方面的差异性。近年来，随着研究的深入，虽然有学者开始关注风险投资的组织结构差异对其投资行为的影响（例如，企业背景风险投资购买创业企业股权的价格，银行背景风险投资对创业企业的股权投资与其母银行信贷决策间的关系），然而关于风险投资的组织结构与其投资战略以及受资企业特征的相关研究积累仍相对匮乏。

本书以日本风险投资为研究对象，考察风险投资的组织结构与其投资战略以及受资企业 IPO 特征之间的关系，从而为该领域的研究提供增量文献。Hellmann 等（2008）发现，银行背景风险投资是战略投资者；银行背景风险投资及母银行的股权投资能够增加母银行向受资企业提供贷款的可能性。然而，在控制母银行直接投资的影响后，银行背景风险投资的股权投资是否有助于其战略目标的实现这一问题尚未得到验证。进一步地，我们认为由于附属型风险投资基于战略性投资目标而开展投资活动，因而受资企业应呈现与其投资目的相适配的特征。此外，以往文献考察了风险投资对 IPO 企业盈余质量之间的关系，然而关于不同背景的风险投资如何影响 IPO 企业的盈余管理行为的相关研究积累却相对不足。

日本的研究数据为回答上述问题提供了便利。首先，在日本，风险投资市场上不仅存在传统风险投资 IVC，同时存在着大量的 FVC。此外，在日本，银行被允许在5%范围内持有非金融机构和企业的股份。同时，日本的银行贷款数据中不仅披露了贷款对象企业信息，同时包含贷款数量信息。上述特色数据为我们精确地考察 BVC 的战略性投资行为提供了可能。其次，已有研究结果显示，相较于其他类型的风险投资，IVC 是更积极的投资者，能够向受资企业提供更多的增值服务。然而，在日本银行主导型金融体系下，银行在企业融资以及公司治理等方面发挥着至关重要的作用。因此，不同于以 IVC 为主导的美国风险投资市场，FVC 在风险投资市场上具有更为悠久的历史，并占据主导地位（Hamao et al.，2000；Wang et al.，2002；Mayer et al.，2005；Kutsuna et al.，2006）。在此背景下，以日本风险投资为对象的研究为我们揭示 IVC 的另一面提供了机会。最后，JASDAQ、MOTHERS 以及 HERCULES 是日本面向创业型企业的证券交易所。其中，MOTHERS 和 HERCULES 与 JASDAQ 相比较，设有较宽松的上市条件。上市条件的差异使我们可以通过考察不同类型风险投资支持企业的上市市场选择，以验证风险投资的组织结构差异是否影响其投资行为并通过受资企业呈现。

具体地，本书后文研究内容如下：

首先，对银行背景风险投资的战略性投资行为进行了考察（第 2 章）。既有文献指出，不同于单纯地追求高资本收益的 IVC，BVC 是战略投资者，其投资目的是母银行信贷业务的拓展。然而，在控制母银行直接投资的影响后，对于 BVC 能否以及如何拓展母银行信贷业务这一问题尚未得到回答。基于此，本书在控制母银行直接股权投资的影响后，考察 BVC 持股与母银行提供贷款以及母银行董事派遣之间的关系。

其次，考察 IVC 的投资对企业 IPO 特征的影响（第 3 章）。已有研究普遍认为，相对于其他类型的风险投资，IVC 是更为积极的投资者，能够为企业提供更多的增值服务。不同于既有研究，我们认为 IVC 也可能具有黑暗的一面，对受资企业产生消极影响。具体地，我们预测 IVC 具有将未成熟企业推动上市的倾向，导致企业承担较高 IPO 抑价和长期业绩低下的后果。

最后，探究不同背景的风险投资如何影响 IPO 过程中的企业盈余管理行为（第 4 章）。早期的研究发现，企业管理者为了提高 IPO 发行价格而倾向于在上市前进行正向盈余管理。然而，近年的研究指出，企业在上市前更加偏好保守的会计政策以防止 IPO 后的业绩恶化。上述研究结果说明，IPO 中的盈余管理行为取决于企业特征以及企业的上市动机。我们认为，由于不同背景风险投资在投资战略上存在差异，因此其投资的企业将呈现不同的特征，进而在上市时具有不同的盈余管理动机。基于此，我们考察 IVC 与 FVC 支持的企业在 IPO 中的盈余管理行为上是否存在差异。

1.4　研究结果及贡献

第 2 章的研究结果显示，在控制银行直接股权投资可能产生的影响后，BVC 的投资能够显著地增加母银行向受资企业提供贷款的机会。此外，随着 BVC 持股比例的增加，母银行获得创业企业董事会席位的可能性增加。上述结果表明，BVC 是从母银行的利益出发而开展投资活动的战略投资者。另外，BVC 的持股比例与母银行贷款额之间不存在显著关系。这一结果表明，通过 BVC 实施的间接投资与母银行的直接投资在拓展母银行信贷业务的作用效果上存在差异。

第 3 章的研究结果显示，不同类型风险投资所投资的企业在 IPO 时呈现不同的特征。具体地，IVC 支持的企业在 IPO 时点的企业年龄显著地低于 FVC 支持的企业，企业规模明显地小于 FVC 支持的企业。由于过早地上市，IVC 支持的企业倾向于选择低声誉的证券公司担任承销商，并且更多地利用上市条件宽松的证券交易所上市。值得注意的是，企业在未成熟阶段过早地上市导致其不得不承担较高的 IPO 抑价以及 IPO 长期业绩低迷的后果。上述结果表明，IVC 具有黑暗的一面；IVC 倾向于推动资质差的企业上市。

第 4 章的研究结果显示，FVC 支持的企业在 IPO 前进行了显著的正向盈余管理，而 IVC 支持的企业不存在显著的盈余管理行为。此外，企业 IPO 后的盈余管理水平与经营活动现金流量的变化值显著负相关，且这种关系在 IPO 前盈余管理水平低的企业中更为显著。上述结果表明，在日本 IPO 市场上存在着两种对立的盈余管理动机：IVC 支持的企业为避免上市后的业绩恶化，倾向于在 IPO 前采取保守的会计政策，而 FVC 支持的企业为了获得更高的发行价格而更加偏好正向盈余管理。

本书的贡献主要体现在：

首先，我们为 BVC 的战略性投资行为提供了全面而有力的证据。

其次，大量研究结果显示，IVC 是积极的投资者。不同于已有研究，我们的研究表明 IVC 也具有黑暗面；IVC 更有可能采取短视行为，推动低资质的企业上市。

最后，我们证实不同的盈余管理动机并存在单一的 IPO 市场中，且具有不同背景的风险投资将对 IPO 过程中的盈余管理产生不同的影响。

2　战略投资者：银行背景风险投资

2.1　绪　论

大量研究表明，风险投资不仅能够向创业企业提供发展所需的资金，同时通过实施监督治理、咨询建议等方式向创业企业提供增值服务，从而实现较高的投资收益（Megginson and Weiss，1991；Gompers，1995；Lerner，1995；Hellmann and Puri，2002；Hsu，2004；Baum and Silverman，2004；Bottazzi et al.，2008）。

随着研究的发展，学者们指出，风险投资在组织结构上存在差异。如前所述，独立系风险投资（IVC）是风险投资的主导组织形式，而与此同时也存在着企业背景（CVC）、银行背景（BVC）以及券商背景（SFVC）等不同组织结构的风险投资（Gompers and Lerner，1998，2000；Hellmann，2002；Wang et al.，2002；Mayer et al.，2005；Hoberg and Seyhun，2009；Tykvova and Walz，2007；Bottazzi et al.，2008；Masulis and Nahata，2009；Arikawa and

Imad'Eddine，2010；Ivanov and Xie，2010）。组织结构的不同可能会导致风险投资在投资战略方面的差异；IVC 的投资目的是获取高额资本收益，而 CVC、BVC 以及 SFVC 是为了实现战略目标而向创业企业投资。Gompers 和 Lerner（2000）、Masulis 和 Nahata（2009）的研究结果为上述观点提供了证据支持，为了实现战略目标，CVC 乐于以较高的价格购入创业企业的股份。

风险投资对于创业企业发展具有重大影响。因此，考察风险投资的组织结构如何作用于其投资战略不仅具有较高的理论价值，同时也将产生重要的现实意义。在此背景下，本章主要对 BVC 的战略性投资活动开展研究。日本 IVC 和 BVC 在创业企业 IPO 前三年购买其股票的平均价格如表 2.1 所示。

表 2.1　创业企业股票购入价格

Variable	Sample	N	Mean	T-statistics	Median	Z-statistics
PRICE	BVC	723	0.578	-2.275 **	0.463	-2.759 ***
	IVC	209	0.495		0.370	

注：*** 、** 、* 分别表示在 1%、5%、10% 的水平下显著。

我们利用 IPO 招股说明书手动收集了大股东在创业企业上市前三年购买其股票的数量及总金额，从而计算出风险投资购买创业企业股票的平均价格（以下用 PRICE 表示），即风险投资在创业企业 IPO 前三年的总投资金额除以其购买的股票数量。由表 2.1 可见，BVC 购买创业企业股票的价格显著地高于 IVC；BVC 在 IPO 前三年购买创业企业股票的平均价格为 IPO 发行价的 58%，而 IVC 在此期间购入创业企业股票的平均价格为发行价的 50%。这一研究结果表明，BVC 基于战略动机向创业企业进行股权投资，由于自身的战略目标实现所带来的收益不能与 IVC 共享，所以 BVC 愿意以更高的价格购入创业企业的股份。事实上，已有文献指出，BVC 是战略投资者，其投资目的是通过向创业企业进行股权投资从而协助母银行建立与创业企业的联系，进而拓展母银行的信贷业务（Hellmann，2002；Wang et al.，2002），这一观点得到了证实。Hellmann 等（2008）发现，银行自身的直接股权投资或是间接地通过附属 BVC 进行的股权投资能够显著地增加其向创业企业提供贷款的可能性。

对于这一研究结果我们不禁会发出疑问：为什么银行需要间接地通过附属机构 BVC 向创业企业进行股权投资来拓展信贷业务？可能的原因如下：

首先，信贷是银行的传统业务，而向创业企业进行股权投资需要不同的专业能力。BVC 是专业的投资机构，因而通过附属 BVC 间接地向创业企业进行股权投资有助于母银行实现专业化的优势。[①]

其次，信贷风险通常低于股权投资风险，因此，主要从事信贷业务的银行不会出于风险分散的动机而将大量资金用于向创业企业的股权投资。通过以上讨论可以推测，若 BVC 的股权投资能够赋予母银行对创业企业充足的控制权，则母银行更倾向于选择通过 BVC 间接地向创业企业投资的方式建立银企关联。然而，在对现存文献进行梳理后发现，关于 BVC 的间接股权投资是否与母银行的直接股

[①] 对于从事传统银行业务的员工和向创业企业进行股权投资的员工，两者在最佳薪酬方案方面应存在差异。而对于同一银行而言，很难设计不同的薪酬方案。在此背景下，银行有动机设立投资功能的子公司并开展股权投资活动。

权投资具有同等作用效果这一问题的关注和研究却相对匮乏。本章在控制母银行直接股权投资的影响后，考察 BVC 的股权投资是否有助于母银行向受资企业提供贷款以及派遣董事，进而揭示为了拓展信贷业务，为何母银行在向创业企业进行直接股权投资的同时，还需要通过其附属 BVC 间接地投资创业企业的原因。

本书以 2001～2006 年上市的日本企业为对象来研究这一问题。日本资本市场的特殊制度及数据为回答这一问题提供了机会。在日本，银行被允许在 5% 的范围内持有非金融机构和企业的股份。大量的研究结果显示，日本的主银行通常会持有借款企业的股份从而建立更紧密的联系，能缓解债务融资的代理问题。这使得银行在直接进行股权投资或通过附属 BVC 开展间接股权投资两种方式进行选择成为可能，以实现与创业企业建立联系、拓展信贷业务的目的。此外，日本一对一的银行贷款数据也为本书研究的开展提供了便利，使我们可以在控制母银行直接持股影响的情况下，考察 BVC 的持股比例与母银行向其所投资的 IPO 企业提供的贷款额之间的关系。

以 2001～2006 年的 IPO 企业为样本进行实证分析的结果显示，BVC 的投资能够显著地增加母银行向创业企业提供贷款的机会。进一步的研究结果显示，BVC 的持股比例越高，母银行越有可能增加其在创业企业董事会中的代表权。上述研究结果证实，BVC 的投资有助于母银行战略目标的实现。此外，在控制创业企业特征后发现，BVC 购入创业企业股份的价格要显著高于 IVC。以上研究结果表明，不同于 IVC，BVC 是从母银行的利益出发而开展投资活动的战略投资者（Hellmann，2002；Wang et al.，2002；Hellmann et al.，2008）。

另外，以获得 BVC 支持的 IPO 企业为子样本进行研究的结果显示，BVC 的持股比例对母银行贷款额不存在显著影响。导致这一结果的原因可能是母银行的直接股权投资与通过 BVC 进行的间接股权投资在拓展母银行的信贷业务的作用效果上存在差异。综上所述，本章的研究结果表明，银行需要综合考虑不同投资方式的成本和收益，从而决定其向创业企业进行直接股权投资和间接股权投资的比重。

本书可能产生的贡献如下：

首先，本书对 BVC 的股权投资与母银行的贷款业务之间的关系、BVC 的持股比例与母银行向创业企业董事会派员之间的关系，以及 BVC 购入创业企业股份的价格进行了考察，为 BVC 的战略性投资行为提供了全面而有力的证据。特别地，我们控制了母银行对创业企业直接股权投资的影响，从而揭示了银行间接地通过附属 BVC 向创业企业投资所产生的成本与收益；利用 BVC 所进行的间接股权投资不能够完全地替代母银行的直接股权投资。

其次，本书发现与 CVC 相似，BVC 以较高的价格购入创业企业的股份。本章的研究结果对现有的风险投资的战略性投资活动相关文献进行了有益补充（Gompers and Lerner，2000；Masulis and Nahata，2009）。

2.2　理论分析与研究假设

银企关系对企业的资本结构具有重要的影响。已有研究发现，当企业与特定银行具有紧密关联时，企业通常会更多地依赖于该银行的债务融资（Petersen and Rajan，1994；Berger and Udell，1995；Cole，1998）。这对于创业企业同样适用，与创业企业建立关联有助于增加银行向该企业提供贷款的可能性。然而，为避免投资不足以及套牢问题的发生，相对于债务融资，创业企业更倾向于利用权益融资。而对于银行而言，由于创业企业具有现金流不稳定、有形资产比例低以及留存收益不足等特征，银行向创业企业提供贷款的意愿较低。在此情况下，银行有动机在早期阶段通过股权投资与创业企业建立关联，在创业企业发展成熟、能够实现稳定现金流后再提供贷款。然而，与银行传统的贷款业务不同，向创业企业提供股权融资需要不同的专业能力。专业化的优势推动银行通过建立 BVC 投资于创业企业从而建立关联。此外，结合自身对于投资组合的风险偏好，银行有可能降低对创业企业的直接股权投资比例，而通过建立 BVC 间接地投资创业企业。基于以上讨论，我们认为 BVC 是银行为了避免通过直接股份的方式建立联系以达成拓展信贷业务这一目标的工具。换言之，不同于以资本收益为投资目标的 IVC，BVC 是战略投资者（Hellmann，2002；Wang et al.，2002）。

Hellmann 等（2008）实证研究发现，母银行的直接投资以及通过 BVC 实施的间接投资能够显著地提高母银行向创业企业提供贷款的机会。然而值得注意的是，若通过 BVC 开展的股权投资不具备与母银行直接股权投资同等的作用效果，那么，拓展母银行信贷业务这一目标将难以实现。然而，若是在拓展母银行信贷业务方面，通过 BVC 进行的间接股权投资与母银行的直接股权投资能够发挥同等的作用，而母银行的直接股权投资需要付出更高的成本，此时母银行有动机完全地依赖于 BVC 的间接股权投资从而与创业企业建立联系。然而，为何银行在利用附属 BVC 实施投资的同时，还进行直接股权投资这一问题尚未得到回答。基于此，本书考察 BVC 向创业企业的投资与母银行的直接投资在帮助母银行拓展贷款业务方面是否具有相同的作用效果。

日本市场为我们提供了特定银行向特定企业一对一的贷款数据。Hellmann 等（2008）利用虚拟变量考察了创业企业获得银行（银行自身或 BVC）投资与母银行提供贷款之间的关系。为了明确 BVC 股权投资的作用，我们进一步地利用日本的定量数据分析随着 BVC 在创业企业持股比例的增加，母银行是否会对该创业企业提供更多的贷款。[①] 本书提出以下研究假设：

H1：BVC 持股比例的增加有助于增加母银行向创业企业的贷款额。

既有研究认为，长期的银企关联有助于银行收集借款企业的内部信息。进一步的研究指出，向借款企业派出董事能够使银行获得更多的关于借款企业有价值的信息，从而缓解银企间的信息不对称。事实上，为了掌握借款企业的情况，日本的主银行通常会向借款企业派遣董事，特别是当借款企业陷入经营困境的情况下（Kaplan and Minton，1994）。此外，董事派遣还能够使银行参与借款企业的经营

---

① Konishi 和 Suzuki（2007）以日本 IPO 企业为样本的研究发现，BVC 支持的 IPO 企业的银行借款（特别是长期银行借款）比例显著地高于 IVC 支持的 IPO 企业。然而，Konishi 和 Suzuki（2007）研究中并没有检验 BVC 的股权投资是否有助于拓展母银行的信贷业务。

决策，从而帮助银行实现其目标。

大量研究表明，风险投资在注资后会向创业企业要求在董事会的代表权（Lerner，1995；Kaplan and Stromberg，2003；Kaplan and Stromberg，2004；Wongsunwai，2013；Cumming，2008）。若 BVC 是从母银行的利益出发开展投资活动，则可预期 BVC 的股权投资有助于母银行在创业企业董事会获取席位。基于此，为检验 BVC 的投资能否赋予母银行对创业企业的控制权，本书提出以下研究假设：

H2：BVC 持股比例的增加有助于母银行向创业企业派出董事。

表 2.1 的研究结果显示，BVC 购入创业企业的股票的价格显著地高于 IVC。这一研究结果表明，BVC 出于战略动机向创业企业进行投资，是战略投资者。Hellmann（2002）建立了战略投资者对创业企业的估值模型。该模型指出，相对于纯粹地追求资本收益的投资者（IVC），战略投资者更倾向于给创业企业更高的估值。

事实上，Gompers 和 Lerner（2000）、Masulis 和 Nahata（2009）提供了实证支持，为了实现战略性目标而投资于创业企业的 CVC 会以较高的价格获取受资企业的股份。为了进一步证实 BVC 是战略投资者，本书提出以下研究假设：

H3：BVC 购入创业企业股份的价格显著高于 IVC。

2.3　样本与数据

本章采用 2001～2006 年在日本 JASDAQ、MOTHERS 以及 HERCULES

申请 IPO 的企业为研究对象。IPO 数据为本书提供了良好的机会。一方面，相对于处于早期发展阶段的创业企业，银行更倾向于向成熟企业提供贷款；另一方面，为了实现投资收益，风险投资通常会在创业企业 IPO 后减持股份。因此，IPO 数据有助于我们考察 BVC 持股比例的变化对母银行贷款额的影响。本书利用 IPO 招股说明书手动收集样本企业的股东构成以识别创业企业是否获得了风险投资的支持。据此，我们得到 561 家风险投资支持的 IPO 企业，其中大部分企业获得了风险投资的联合投资。

风险投资机构背景等数据手工整理自日本风险投资协会（Venture Enterprise Center）发布的风险投资年鉴。若某一风险投资机构的最大股东为银行，我们将该风险投资识别为 BVC。此外，我们还对风险投资机构的主页进行了检索，若风险投资机构的主页中显示该风险投资附属于特定银行，则该风险投资也将被界定为 BVC。例如，我们将 Mizuho Capital（日本最大的银行系风险投资）认定为 BVC 是由于 Mizuho bank 是其最大股东（Mizuho bank 持有该风险投资机构 49.9% 的股份）。据此，我们得到 65 家 BVC。利用同样的方法，我们将 30 家风险投资机构认定为 IVC。例如，我们将 Future Venture Capital Co., Ltd. 识别为 IVC 是由于该风险投资机构的最大股东为其 CEO。

样本企业中，106 家 IPO 企业没有获得来自 IVC 或 BVC 的投资，其中包含 33 家 IPO 企业获得了来自银行的直接投资。为了本书研究的开展，样本企业需获得来自 IVC、BVC 或银行任意一方的投资，因此最终的样本由 488 家 IPO 企业构成，其中，获得 BVC 投资的 IPO

企业为 422 家，获得 IVC 投资的 IPO 企业为 166 家（133 家 IPO 同时获得了 BVC 和 IVC 的投资），获得银行直接股权投资的 IPO 企业为 33 家。

如前所述，大部分样本企业获得了多个风险投资的支持，这为本书研究的开展提供了有利条件。我们将一组 Firm-FI（本书将金融机构简称为 FI，包括 BVC、IVC 或银行）视为一个观测对象（见图 2.1），换言之，当一个 IPO 企业获得多个风险投资的支持时，我们将每一个 Firm-VC 组合视为独立的观测样本（见图 2.1 中的 BVC A 及 IVC P）。当某一个 IPO 企业同时获得了银行及其附属 BVC 的投资时，我们将其视为一个 Firm-BVC 组合（见图 2.1 中的 Bank A-BVC A-Firm X）。然而，当某一银行与另一银行的附属 BVC 同时投资于特定创业企业时，我们将其视为 2 个独立的 Firm-FI 组合（见图 2.1 中的 BVC A 和 Bank B）。据此，样本中包含 1639 个 Firm-FI 组合，其中 Firm-BVC 1276 个（其中，当附属于一家银行的多个 BVC 共同投资于特定企业时，我们将其视为一个观测对象，见图 2.1 中的 BVC C1 和 BVC C2）。最终，样本中包含 65 家 BVC（及其母银行）、38 家银行（无附属 BVC）以及 30 家 IVC（基于银行并购重组等原因，FI 的数量可能会随着样本期间的变化而发生变化）。

图 2.1 中"—"表示所属关系。研究假设与对应样本：

（1）研究假设 1（Entire-bank sample）：

Bank A-Firm X；Bank B-Firm X；Bank C-Firm X；Bank A-Firm Y；Bank B-Firm Y；Bank C-Firm Y

（2）研究假设 1 和研究假设 2（Investing-BVC sample）：

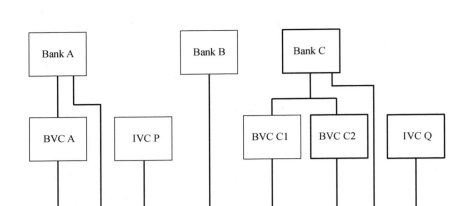

图 2.1　样本结构

Bank A-Firm X；Bank C-Firm Y

（3）研究假设 3（Firm-VC pair）：

BVC A-Firm X；IVC P-Firm X；BVC C1-Firm Y；BVC C2-Firm Y；IVC Q-Firm Y

样本企业的财务数据及银行借款数据来自 Nikkei NEEDS Financial Quest。其中，银行借款数据中包含了特定银行向特定企业贷款的金额数据。将上述数据中的银行名称与手工识别出的 BVC 的母银行名称进行匹配，本书得到了 BVC 的母银行向样本企业贷款的数据。在此基础上，本书对银行并购重组事件进行了追踪，以避免由于并购重组等造成的银行贷款或所有权数据的误差。此外，本书利用企业年报手工收集了 BVC 母银行向样本企业派遣董事的相关数据。

2.4　实证结果与分析

2.4.1　BVC 持股与母银行贷款

2.4.1.1　描述性统计分析

首先，我们考察在控制母银行直接投资的影响后，其附属 BVC 的股权投资能否增加母银行向受资 IPO 企业的贷款（H1）。母银行的贷款（R_DEBT）用母银行贷款额与 IPO 企业的总资产的比值来表示（见表 2.2）。我们利用单个 BVC 和银行在 IPO 企业的持股比例来度量其投资水平（R_BVCSHARE 和 R_DIRBANKSHARE）。对于没有 BVC 支持的 Firm-bank 组合，R_BVCSHARE 取值为 0（见图 2.1 的 Bank B）。由于同一 Firm-bank 组合的 R_DEBT 取值相同，因此，当样本企业获得附属于同一母银行的多个 BVC 的投资时，我们将其视为一个观测样本（见图 2.1 的 BVC C1 和 BVC C2）。在此情况下，R_BVCSHARE 为附属于同一母银行的所有 BVC 持有股份的总和。

表 2.2　变量定义

变量	定义
R_DEBT	BVC 母银行的贷款总额与企业总资产的比值
R_BVCSHARE	BVC 占企业总股本的比值
R_DIRBANKSHARE	银行占企业总股本的比值

变量	定义
PRICE	风险投资购买样本企业股票的平均价格与 IPO 发行价的比值。其中，风险投资购买受资企业股票的平均价格用风险投资在企业 IPO 前三年的投资总额除以风险投资持有的股份总额来计算
D_BVC	银行背景风险投资的虚拟变量，当风险投资为 BVC 时取值为 1，当风险投资为 IVC 时取值为 0
D_PBDIR	银行董事派遣的虚拟变量，当 BVC 的母银行在受资企业的董事会占有席位时取值为 1，否则为 0
D_NEWPBDIR	银行新增董事派遣的虚拟变量，当 BVC 的母银行向 IPO 企业增派新董事时取值为 1，否则为 0
D_LOSS	企业陷入经营困境的虚拟变量，当企业的税前收入为负时取值为 1，否则为 0
N_BANK	投资于企业的银行的数量
SYNDICATE	向企业投资的风险投资的数量
BANKSIZE	银行总资产的自然对数
FIRMSIZE	企业总资产的自然对数
FIRMAGE	企业年龄的自然对数
LEVERAGE	企业总负债与总资产的比值
TANGIBLE	企业有形资产与总资产的比值
CH_SALES	销售额相对上年变化的百分比
ROA	净利润与总资产的比值

在剔除没有获得银行贷款的 Firm-IVC 组合后，我们构建了两个分析样本。其中，Entire-bank 样本为包含没有获得银行股权投资（既没有获得母银行的直接投资，也没有获得通过附属 BVC 进行的间接投资）或是没有获得母银行贷款的所有 Firm-FI（BVC 或银行）组合，共计 45812 个观测对象[①]，而 Investing-BVC 样本则仅包含获

---

① 见图 2.1，银行投资总样本中包括 Bank A-Firm X、Bank B-Firm X、Bank C-Firm X、Bank A-Firm Y、Bank B-Firm Y 以及 Bank C-Firm Y 组合。

得银行背景风险投资支持的 Firm－BVC 组合（IPO 时点的 R_BVCSHARE＞0），共计 1139 个 Firm－BVC 观测对象[①]。我们利用 Investing－BVC 样本考察 BVC 持股水平对母银行贷款的作用。换句话说，本书仅将研究注意力集中于已经与样本企业建立关联的 Firm－BVC 组合。而利用 Entire－bank 样本分析能够帮助我们检验通过 BVC 的间接股权投资能否增加母银行向受资企业提供贷款的可能性（即利用 BVC 投资与不利用 BVC 投资的银行在获得向样本企业提供贷款机会上的差异）。样本数据期间为 IPO 年（Year 0）到 IPO 后的第五年（Year 5）。

表 2.3 中的 Panel A 列示了不同样本的 R_BVCSHARE、R_DIRBANKSHARE 以及 R_DEBT 各年度的均值。由于 Entire－bank 样本中包含大量的没有获得 BVC 投资的 Firm－BVC 组合，因此 R_BVCSHARE 的均值相对较低。[②]在企业 IPO 当年，BVC 的平均持股比例（0.039%）高于银行的直接持股比例（0.026 %）。这一研究结果表明，通过 BVC 实施的间接投资在银行向创业企业的股权投资中占有重要比重。值得注意的是，企业 IPO 后的第一年，BVC 售出了大量股份（R_BVCSHARE 的均值下降至0.006%），而母银行选择继续持有大部分股份。因此，在企业 IPO 后的第一年，母银行的持股比例高于 BVC。

---

① 见图 2.1，BVC 投资样本中包括 Bank A–Firm X 和 Bank C–Firm Y 组合。
② 大多数情况下，R_BVCSHARE 的中位数为 0。

表 2.3　银行股权投资与贷款

Panel A：BVC 持股比例、银行持股比例以及银行贷款的均值

	Entire-bank sample			Investing-BVC sample			Non-investing-BVC sample	
	R_BVC SHARE	R_DIRBA-NKSHARE	R_DEBT	R_BVCS-HARE	R_DIRBA-NKSHARE	R_DEBT	R_DEBT	T-statistics
Year 0	0.00039 N=45812	0.00026 N=45812	0.00141 N=45319	0.01573 N=1139	0.00524 N=1139	0.02439 N=1132	0.001 N=44187	−77.329***
Year 1	0.00006 N=45409	0.00020 N=45409	0.00144 N=44825	0.00247 N=1063	0.00415 N=1063	0.02556 N=1057	0.001 N=43768	−77.636***
Year 2	0.00004 N=45225	0.00018 N=45225	0.00148 N=43948	0.00164 N=1021	0.00386 N=1021	0.02523 N=991	0.001 N=42957	−68.970***
Year 3	0.00002 N=45060	0.00016 N=45060	0.00145 N=42331	0.00112 N=989	0.00362 N=989	0.02434 N=925	0.001 N=41406	−63.918***
Year 4	0.00001 N=44889	0.00016 N=44889	0.00134 N=41014	0.00064 N=961	0.00354 N=961	0.02142 N=877	0.001 N=40137	−57.619***
Year 5	0.00001 N=41226	0.00016 N=41226	0.00129 N=37152	0.00039 N=880	0.00343 N=880	0.02128 N=799	0.001 N=36353	−53.038***
Entire period	0.00009 N=267630	0.00019 N=267630	0.00141 N=254589	0.00401 N=6053	0.00402 N=6053	0.02386 N=5781	0.001 N=248808	−160.000***

Panel B：获得 BVC 支持企业 VS 无 BVC 支持企业的银行贷款均值差异比较

	Current BVC ownership>0	Current BVC ownership=0 (Entire-bank sample)	T-statistics	Current BVC ownership=0 (Investing-BVC sample)	T-statistics
Year 0	0.024 N=1132	0.001 N=44187	−77.329***	N. A.	N. A.
Year 1	0.033 N=205	0.001 N=44620	−41.860***	0.024 N=852	−2.643***
Year 2	0.039 N=131	0.001 N=43817	−37.793***	0.023 N=860	−3.752***
Year 3	0.039 N=79	0.001 N=42252	−29.419***	0.023 N=846	−3.136***
Year 4	0.024 N=50	0.001 N=40964	−14.890***	0.021 N=827	−0.480

续表

	0.029 N=30	0.013 N=37122	−13.454 ***	0.021 N=769	−1.031
Year 5	0.029 N=30	0.013 N=37122	−13.454 ***	0.021 N=769	−1.031
Entire period	0.027 N=1627	0.001 N=252962	−96.174 ***	0.022 N=4154	−3.951 ***

Panel C：银行直接持股企业 VS 非银行直接持股企业的银行贷款均值差异比较

	Entire−bank sample			Investing−BVC sample		
	Current parent bank ownership>0	Current Parent bank ownership=0	T−statistics	Current parent bank ownership>0	Current parent bank ownership=0	T−statistics
Year 0	0.029 N=849	0.001 N=44470	−81.431 ***	0.037 N=366	0.018 N=766	−7.138 ***
Year 1	0.036 N=579	0 .001 N=44246	−81.546 ***	0.042 N=262	0.020 N=795	−7.477 ***
Year 2	0.037 N=492	0.001 N=43456	−72.329 ***	0.040 N=218	0.021 N=773	−5.733 ***
Year 3	0.037 N=461	0.001 N=41870	−70.109 ***	0.041 N=201	0.020 N=724	−6.282 ***
Year 4	0.036 N=414	0.001 N=40600	−69.293 ***	0.039 N=185	0.017 N=692	−6.933 ***
Year 5	0.042 N=367	0.001 N=36785	−75.168 ***	0.046 N=166	0.015 N=633	−9.333 ***
Entire period	0.035 N=3162	0.001 N=251427	−180 ***	0.040 N=1398	0.019 N=4383	−17.194 ***

注：*** 、** 、* 分别表示在1%、5%、10%的水平下显著。

利用 Investing−BVC 样本开展研究有助于我们更为深刻地理解 BVC 以及银行的投资活动。与 Entire−bank 样本的研究结果一致，以 Investing−BVC 子样本为对象分析的结果显示，IPO 年的 BVC 持股比例（1.6%）明显地高于母银行的持股比例（0.5%）。与 Hamao 等

（2000）的发现一致，在企业 IPO 前，银行的直接持股比例低于 BVC。然而，在 IPO 后的第一年，BVC 的持股比例下降至 0.2%，在 IPO 后的第五年，BVC 的持股比例持续下降至 0.04%。结合利用 Entire-bank 样本的分析结果，我们发现 BVC 在企业 IPO 后会逐步从受资企业退出。与之相对，银行的直接持股比例仅呈小幅度下降（从 IPO 年的 0.5% 下降至 IPO 后第 5 年的 0.3%）。以上结果表明，BVC 的投资目标与母银行存在差异；一定程度上，BVC 也具有追求投资收益的动机。此时，母银行更倾向于通过设立 BVC 对创业企业进行股权投资，进而获得专业化的优势。与此同时，我们发现母银行倾向于与 IPO 企业保持稳定的借贷关联。具体地，BVC 支持的企业获得的来自母银行的贷款约占企业总资产的 2.5%。总体而言，在企业上市时（可能包括上市前），通过 BVC 向创业企业进行投资是建立银企关联的主要形式，而企业上市后，维持银企关联的主要形式则转换为银企之间的借贷关联。

Panel A 还显示了 IPO 当年没有获得 BVC 投资的 Firm-FI 组合的银行贷款在企业总资产的比例（R_DEBT）。根据研究假设，相对于没有获得 BVC 投资的 IPO 企业，获得 BVC 支持的 IPO 企业的 R_DEBT 的均值应相对更高。由 Panel A 可见，在企业上市当年，银行向具有 BVC 支持的 IPO 企业提供了更多的贷款。这一结果与 BVC 的股权投资有助于母银行提高向创业企业贷款的可能性的观点相一致。利用 BVC 向创业企业进行投资能够帮助母银行收集创业企业的信息，使母银行能够以更高效的方式监督创业企业。

如前所述，BVC 在受资企业上市后通常会售出手中持有的大部分股份，在 IPO 后的第 5 年仅保留持有少量股份。然而，BVC 持股的减少是否会削弱其在受资企业的控制权这一重要问题尚未得到解答。因此，我们根据 BVC 在受资企业 IPO 时是否持有股份将样本分为两组，进而比较两组之间在获取银行贷款（R_DEBT）方面的差异。由表 2.3 的 Panel B 可见，在整个样本期间，获得 BVC 投资的 Firm-FI 组合的银行贷款显著高于没有获得 BVC 投资的 Firm-FI 组合。[①]上述结果再次证实 BVC 的投资能够增加母银行向受资企业提供贷款的机会。当企业获得 BVC 的投资时，母银行向受资企业提供贷款的总额占企业总资产的 2%～4%。然而，当企业不具备 BVC 投资支持时，母银行向企业提供贷款的总额仅为企业总资产的 0.1%。

以 Investing-BVC 为样本进行分析的结果显示，在企业 IPO 后的第 4 年和第 5 年，BVC 继续持股的 Firm-BVC 组合与 BVC 不再持股的 Firm-BVC 组合在获取银行贷款方面不存在显著差异。上述结果说明，企业 IPO 后，BVC 的股权投资随着时间的推移逐渐失去对母银行贷款的解释力。由 Panel B 可知，仅有 50（30）家在企业上市后的第 4（5）年仍继续持有企业的股票，但却存在 354（303）组 Firm-BVC 在企业上市后的第 4（5）年依然能够获得来自母银行的贷款。由于 BVC 在企业 IPO 后为了获取收益而将持有的创业企业股份售出变现，因此，其持股比例在企业 IPO 后可能无法继续作为恰当的银

---

① 在 Entire-bank 样本中，R_BVCSHARE 为正的 Firm-BVC 组合与 Investing-BVC 样本完全相同（不存在企业 IPO 后 BVC 首次购买企业股票的样本）。根据本书对于样本的界定，Investing-BVC 样本中不存在 IPO 年 R_BVCSHARE 为 0 的样本。

企关联的代理变量。在未列示的分析中，我们根据 IPO 时点 BVC 的持股比例高低将样本等分为两组，进而比较两组在获取银行贷款方面的差异。研究结果显示，除 IPO 后的第 4 年外，BVC 持股比例较高的样本组的银行贷款（R_DEBT）显著地高于 BVC 持股比例较低的样本组。

本书是基于 BVC 的股权投资对母银行的直接投资具有替代作用这一假设前提而展开的。在此情况下，我们有必要检验银行的直接持股是否能够拓展自身的贷款业务。相似地，我们根据当年银行是否持有企业股份将样本分为两组，进而比较两组之间在银行贷款 R_DEBT 上的差异。由表 2.3 的 Panel C 可见，母银行的直接持股与其向企业提供的贷款显著正相关。我们进一步地以 Investing-BVC 样本为对象进行分析，得到了一致的结果，即母银行的直接股权投资有助于增加自身向 IPO 企业的贷款。

在此情况下，我们有必要在控制银行直接持股的影响后，考察 BVC 的股权投资是否有助于母银行贷款业务的增加。表 2.3 的结果显示，相较于 Entire-bank 样本，Investing-BVC 样本中获得母银行直接投资的 Firm-FI 组合获得了较多的银行贷款（R_DEBT）。类似地，Investing-BVC 样本中没有获得母银行直接投资的 Firm-FI 组合所获得的银行贷款约占企业总资产的 2%，远高于 Entire-bank 样本组（0.1%）。上述研究结果支持了 BVC 的股权投资进一步地增加了母银行向受资企业提供贷款的机会这一观点。

2.4.1.2 实证结果

为了进一步考察 BVC 的股权投资在拓展母银行信贷业务上的作

用，本书以 R_DEBT 为因变量进行了多元回归分析。由于大多数观测样本的 R_DEBT 为 0，我们采用 Tobit 模型估计回归系数，并报告企业聚类稳健标准误（在未列示的分析中，我们用银行聚类稳健标准误替换，得到了一致的结论）。回归分析的主要自变量为 R_BVCSHARE，此外我们还加入了母银行直接投资（R_DIRBANKSHARE）变量，以明确在控制银行直接投资的影响后，BVC 的股权投资是否会对其母银行贷款业务产生影响。由于企业上市后，BVC 当期的持股比例不再是有效的银企关联的代理变量，在与 R_DEBT 的回归分析中我们采用 IPO 年的 R_BVCSHARE 作为主要自变量。

先前研究表明，相对于大银行，小银行在向中小企业提供贷款方面更具优势（Berger and Udell，2002；Carter et al.，2004）。然而，也有部分学者提出，大银行不仅在小额贷款市场上存在竞争优势，同时在向 IPO 企业提供其他服务业务方面也具有卓越的能力（De La Torre et al.，2010）。因此，我们添加银行规模（BANKSIZE）作为控制变量，用银行总资产的自然对数衡量。如前所述，银行通过与借款企业建立长期关联以便收集企业的信息，缓解信息不对称。然而，当一家企业与多家银行同时保持长期稳定的关系时，信息收集的价值将会下降（Berger and Udell，1995；Cole，1998）。基于此，我们进一步地控制了投资于企业的银行数量（N_BANK）。

为了控制 IPO 企业特征可能会对银行贷款产生的影响，我们加入如下控制变量：

FIRMSIZE 表示企业规模，等于企业总资产的自然对数；

LEVERAGE 表示企业的资产负债率，等于企业总负债与总资产的比值；

TANGIBLE 代表企业流动资产比例，等于企业流动资产与总资产的比值；

CH_SALES 为企业本年度销售额相对于上年度变化的百分比；

ROA 衡量企业的盈利能力，等于息税前利润与总资产的比值。

已有研究发现，FIRMSIZE、TANGIBLE 以及 ROA 会影响企业的资本结构进而对银行贷款的获取产生影响（Titman and Wessels，1988；Himmelberg and Morgan，1995；Rajan and Zingales，1995；Houston and James，1996；Johnson，1998；Hovakimian et al.，2004；Byrd and Mizruchi，2005；Dittmann et al.，2010）。CH_SALES 是企业成长机会的代理变量。此外，为了控制年度和行业的影响，我们加入年份（Year Dummy）和行业（Industry Dummy）虚拟变量。

主要变量的描述性统计结果如表 2.4 所示。相对于 Entire-bank 样本（以下简称 EBVC），Investing-BVC（以下简称 IBVC）样本中的银行具有更大的规模（分别为 61 万亿日元和 8 万亿日元）。这与 De La Torre 等（2010）的观点一致，相较于小银行而言，大银行在开发面向中小企业的商业模式方面更具优势。关于 IPO 企业特征，相较于 Firm-VC（BVC 和 IVC）样本（以下简称 PRVC），Entire-bank 和 Investing-BVC 样本中的企业规模和年龄相对较大。与 Sun 等（2013）的研究结果一致，这一结果表明银行更倾向于投资（包含直接股权投资和间接股权投资）成熟的企业。

表 2.4　变量描述性统计

Panel A：非虚拟变量

Variable	Sample	Mean	S. D.	Minimum	Median	Maximum	N
R_BVC	EBVC	0.0001	0.0017	0	0	0.1216	267630
SHARE	IBVC	0.0040	0.0105	0	0	0.1216	6053
R_DIRBANK	EBVC	0.0002	0.0024	0	0	0.4000	267630
SHARE	IBVC	0.0040	0.0094	0	0	0.0616	6053
R_DEBT	EBVC	0.0014	0.0111	0	0	0.7081	254589
	IBVC	0.0239	0.0425	0	0	0.4102	5781
PRICE	PRVC	0.5591	0.4612	0.0103	0.4545	3.125	932
BANKSIZE	EBVC	8125134	19100000	352095	2973549	154000000	245994
（million JPY）	IBVC	61200000	44400000	599785	68800000	154000000	5935
N_BANK	EBVC	1.4943	1.7227	0	1	21	267630
	IBVC	1.7084	1.9394	0	1	21	6053
SYNDICATE	IBVC	10.1779	7.3702	1	9	45	6053
	PRVC	10.8155	7.4147	1	9	45	932
FIRMSIZE	EBVC	15269.49	30800.02	101	6859	507508	254589
	IBVC	14532.76	25901.66	101	6953	376075	5781
	PRVC	9682.94	20905.01	585	4247	182163	923
FIRMAGE	EBVC	21.2673	14.8198	1.04	17.05	77.04	267630
	IBVC	19.6356	13.5111	1.04	16.04	77.04	6053
	PRVC	12.5779	10.4423	1.04	9.01	72.04	932
LEVERAGE	EBVC	0.5192	0.2744	0.0155	0.5253	5.7654	254589
	IBVC	0.5200	0.2674	0.0155	0.5312	5.7654	5781
TANGIBLE	EBVC	0.1886	0.1941	0.0002	0.1146	0.8879	253808
	IBVC	0.1803	0.1901	0.0002	0.1009	0.8879	5771
CH_SALES	EBVC	0.2102	0.7686	−0.9621	0.1013	19.3884	253899
	IBVC	0.2143	0.7172	−0.9621	0.1149	19.3884	5783
ROA	EBVC	0.0502	0.2003	−6.772	0.0674	0.4573	253804
	IBVC	0.0424	0.2503	−6.772	0.0674	0.4243	5768
	PRVC	0.0971	0.1167	−0.7323	0.0977	0.3767	919

续表

Panel B：虚拟变量

Variable	Sample	Number of observations that take a value of one	Percentage of observations that take a value of one	Number of observations that take a value of zero	Percentage of observations that take a value of zero	N
D_BVC	PRVC	723	0.776	209	0.224	932
D_PDIR	IBVC	426	0.074	5362	0.926	5788
D_NEWPBDIR	IBVC	70	0.015	4576	0.985	4646
D_LOSS	IBVC	1005	0.215	3664	0.785	4669

利用 Entire-bank 样本考察 BVC 股权投资对母银行贷款影响的回归结果如表2.5 的 Panel A 所示。IPO 年的 R_BVCSHARE 的估计系数显著为正，表明在企业 IPO 前通过 BVC 建立关联能够增加母银行向企业的贷款，BVC 的股权投资能够替代母银行的直接投资从而获得对企业的控制权。有趣的发现是，采用当期的 R_BVCSHARE 为主要的自变量进行分析时，其估计系数在 IPO 后的第 4 年和第 5 年不显著。导致这一结果的可能原因是，BVC 在企业上市后为了获取投资收益而将持有的股份售出套现（前面的分析结果显示，在企业 IPO 后的第 4 年，BVC 继续持有企业的股份的 Firm-BVC 仅有 50 组）。因而，我们认为 BVC 当期的持股比例不能成为银企关联的最佳代理变量。换言之，若企业 IPO 前获得了来自 BVC 的股权投资，那么企业上市后会更多地利用来自其母银行的贷款。

表 2.5 BVC 投资与母银行贷款

Panel A: Entire-bank 样本

	Year 0	Year 1		Year 2		Year 3		Year 4		Year 5		Entire period	
CurrentR_BVC SHARE	1.159*** (6.78)	1.638*** (2.99)		2.626*** (2.85)		2.261*** (2.27)		1.183 (1.10)		0.759 (0.45)		1.426*** (6.18)	
R_BVCSHARE at Year 0			1.260*** (7.48)		1.441*** (7.01)		1.315*** (6.36)		1.427*** (8.01)		1.645*** (5.15)		1.446*** (9.66)
R_DIRBANK SHARE	3.604*** (12.36)	4.275*** (12.27)	3.973*** (11.51)	4.542*** (12.72)	4.182*** (11.73)	4.503*** (10.07)	4.185*** (9.53)	2.161*** (18.69)	1.957*** (18.42)	2.463*** (15.12)	2.207* (1.76)	3.342*** (27.87)	3.086*** (27.66)
BANKSIZE	0.034*** (21.59)	0.034*** (21.02)	0.032*** (20.26)	0.037*** (18.08)	0.035*** (17.68)	0.037*** (16.04)	0.035*** (15.72)	0.037*** (17.57)	0.035*** (16.91)	0.041*** (14.60)	0.038*** (13.13)	0.037*** (23.81)	0.035*** (22.91)
N_BANK	0.002*** (2.86)	-0.002 (-1.84)	-0.002 (-1.57)	-0.004*** (-2.93)	-0.003** (-2.64)	-0.004** (-2.61)	-0.003** (-2.37)	0.001 (0.08)	0.001 (0.24)	0.005*** (3.30)	0.006*** (2.68)	-0.001 (-0.40)	0.001 (0.03)
FIRMSIZE	-0.001 (-0.20)	0.003* (1.81)	0.003*** (2.09)	0.006** (2.68)	0.006** (2.88)	0.007** (3.00)	0.007*** (3.22)	0.008*** (3.84)	0.008*** (4.11)	0.010*** (4.60)	0.011*** (4.93)	0.009*** (5.85)	0.001*** (6.06)
LEVERAGE	0.127*** (11.15)	0.128*** (12.43)	0.127*** (12.44)	0.097*** (7.47)	0.096*** (7.53)	0.103*** (8.90)	0.102*** (8.91)	0.100*** (9.07)	0.100*** (9.15)	0.041*** (3.29)	0.042*** (3.34)	0.063*** (5.69)	0.063*** (5.78)
TANGIBLE	0.016* (1.88)	0.018** (2.09)	0.018** (2.16)	0.028*** (3.02)	0.028*** (3.09)	0.029*** (2.85)	0.029*** (2.84)	0.020* (1.79)	0.021* (1.77)	0.049*** (3.67)	0.049*** (3.68)	0.032*** (3.94)	0.032*** (3.94)
CH_SALES	0.005*** (3.42)	0.002 (0.63)	0.002 (0.56)	0.001 (0.10)	0.001 (0.11)	-0.002 (-0.57)	-0.002 (-0.65)	-0.002 (-1.32)	-0.002 (-1.50)	-0.006 (-0.72)	-0.005 (-0.70)	-0.001 (-0.30)	-0.001 (-0.42)
ROA	-0.025 (-1.58)	-0.017 (-1.07)	-0.017 (-1.02)	0.037** (2.09)	0.036** (2.08)	0.013 (0.77)	0.012 (0.72)	0.066*** (3.39)	0.067*** (3.60)	0.058*** (1.97)	0.057* (1.95)	0.039** (2.13)	0.040** (2.19)
Constant	-0.738*** (-21.99)	-0.772*** (-21.62)	-0.748*** (-21.21)	-0.851*** (-18.48)	-0.821*** (-18.31)	-0.847*** (-17.05)	-0.819*** (-16.89)	-0.872*** (-18.44)	-0.837*** (-18.04)	-0.977*** (-15.44)	-0.937*** (-14.20)	-0.872*** (-25.52)	-0.843*** (-25.06)
Year Dummy						Yes							
Industry Dummy						Yes							
Pseudo-R²	0.7800	0.7653	0.7808	0.7044	0.7189	0.7048	0.7169	0.6353	0.6528	0.5731	0.5902	0.6634	0.6779
N	41835	41277	41277	40227	40227	38510	385510	36738	36738	33365	33365	231952	231952

续表

Panel B: Investing-BVC 样本

	Year 0	Year 1		Year 2		Year 3		Year 4		Year 5		Entire period	
CurrentR_BVC SHARE	-0.155 (-0.94)	0.183 (0.43)		1.234* (1.92)		1.222** (2.20)		-0.625 (-0.73)		-1.110 (-0.89)		0.027 (0.15)	
R_BVCSHARE at Year 0			-0.033 (-0.20)		0.325 (1.50)		0.335* (1.80)		0.085 (0.42)		0.208 (1.03)		0.134 (1.01)
R_DIRBANK SHARE	1.178*** (5.40)	1.368*** (5.17)	1.381*** (5.18)	1.649*** (5.30)	1.615*** (5.26)	1.564*** (4.69)	1.540*** (4.76)	1.751*** (5.03)	1.676*** (4.96)	1.962*** (5.58)	1.817*** (5.30)	1.600*** (6.83)	1.567*** (6.71)
BANKSIZE	0.003 (1.36)	0.004** (1.98)	0.004** (2.03)	0.005** (2.05)	0.005** (2.00)	0.008*** (3.31)	0.008*** (3.19)	0.009*** (3.36)	0.009*** (3.26)	0.011*** (3.93)	0.010*** (3.76)	0.006*** (3.37)	0.006*** (3.25)
N_BANK	-0.001 (-1.02)	0.002 (1.28)	0.002 (1.32)	-0.001 (-0.02)	0.001 (0.37)	0.004 (1.54)	0.005* (1.82)	0.001 (0.45)	0.001 (0.45)	0.008*** (2.72)	0.008*** (2.77)	0.001 (0.75)	0.001 (0.87)
FIRMSIZE	-0.008** (-2.23)	-0.006* (-1.91)	-0.006* (-1.96)	-0.011*** (-2.85)	-0.011** (-2.71)	-0.004 (-1.10)	-0.003 (-0.86)	0.002 (0.65)	0.003 (0.76)	0.003 (0.88)	0.004 (1.06)	-0.002 (-0.85)	-0.002 (-0.66)
LEVERAGE	0.171*** (10.38)	0.166*** (9.73)	0.166*** (9.70)	0.137*** (5.29)	0.138*** (5.27)	0.142*** (6.62)	0.142*** (6.48)	0.130*** (7.52)	0.130*** (7.56)	0.069*** (3.28)	0.069*** (3.32)	0.121*** (7.46)	0.120*** (7.49)
TANGIBLE	0.043** (2.43)	0.041** (2.37)	0.041** (2.36)	0.056** (2.75)	0.054** (2.66)	0.044 (2.24)	0.041** (2.09)	0.039* (1.93)	0.040* (1.95)	0.063*** (2.69)	0.064*** (2.72)	0.051*** (3.10)	0.051*** (3.10)
CH_SALES	-0.003 (-0.74)	-0.001 (-0.12)	-0.001 (-0.08)	0.001 (0.14)	0.001 (0.20)	0.001 (0.24)	0.001 (0.10)	-0.002 (-1.07)	-0.003 (-1.14)	-0.013 (-0.93)	-0.013 (-0.94)	-0.002 (-1.27)	-0.002 (-1.41)
ROA	0.015 (0.46)	-0.041* (-1.71)	-0.041* (-1.70)	0.052* (1.88)	0.052* (1.88)	-0.008 (-0.26)	-0.012 (-0.39)	0.067** (2.43)	0.067** (2.45)	0.078 (1.93)	0.077 (1.90)	0.034*** (3.33)	0.034*** (3.32)
Constant	-0.063 (-1.37)	-0.125*** (-2.85)	-0.123** (-2.83)	-0.100 (-1.86)	-0.109** (-2.00)	-0.205*** (-3.73)	-0.216*** (-3.83)	-0.289*** (-4.92)	-0.291*** (-4.93)	-0.353*** (-5.95)	-0.360*** (-6.06)	-0.214*** (-5.71)	-0.219*** (-5.82)
Year Dummy						Yes							
Industry Dummy						Yes							
Pseudo-R²	-0.6368	-0.5507	-0.5502	-0.6470	-0.6346	-0.9572	-0.9502	-1.0684	-1.0664	-1.8787	-1.8795	-0.6664	-0.6686
N	1109	1029	1029	963	963	901	901	855	855	779	779	5636	5636

注：***、**和*分别表示在1%、5%和10%的水平下显著。

另一个值得关注的问题是，母银行向创业企业提供的贷款额是否受到 BVC 持股比例的影响。我们利用 Investing-BVC 样本来回答这一问题。表 2.5 中的 Panel B 报告了回归结果。R_DIRBANKSHARE 的估计系数显著为正，这与银行持股有助于增加对企业的贷款的传统观点一致。与此相对，IPO 年的 R_BVCSHARE 和当期的 R_BVCSHARE 的估计系数大多不显著，表明 BVC 的股权投资在增加母银行贷款的作用上并不具备与银行直接投资的同等效力。我们认为，银行可以通过直接投资和间接投资两种方式与创业企业建立联系；通过附属 BVC 实施的间接投资能够使银行获得专业化投资的优势并降低风险，另外，利用 BVC 进行股权投资也伴随着削弱银行对于创业企业控制力的代价。

关于控制变量，BANKSIZE 的估计系数显著为正。传统观点认为，大银行在收集企业"硬信息"方面具有优势，并据此进行贷款决策，小银行更擅长通过与借款企业建立关联收集"软信息"而实施关系型贷款。然而，信贷市场日趋激烈的竞争促使大银行拓展优质 IPO 企业客户。另外，带来这一结果的原因可能是 IPO 企业更倾向于选择较高声望的大银行贷款。此外，大银行在向 IPO 企业提供其他服务业务方面更具优势（De La Torre et al.，2010）。Hellmann 等（2008）得到了一致的结果，市场占有率高的银行更有可能向创业企业提供贷款。利用 Entire-bank 样本的分析结果中，N_BANK 的估计系数大多显著为负，表明随着投资于企业的银行数量的增加，银企关联在银行信贷决策方面的作用被削弱。然而，利用 Investing-BVC 样本的分析结果中，N_BANK 的估计系数大多不显著。综上，关于以股权形式建立关联的银行数量对银行贷款的影响的回归分析中，我们并没有得到一致性的结论。

关于企业特征控制变量的分析结果显示，LEVERAGE 的估计系数显著为正。相对于低杠杆企业，高杠杆企业更多地利用银行债务融资（Ongena and Smith，2001）。TANGIBLE 对银行贷款具有显著的正向影响，银行更倾向于提供贷款给有形资产比例高的创业企业。在多数年份中，ROA 的估计系数显著为正，表明银行更乐于向盈利能力强的企业提供贷款。有趣的是，在以 Entire-bank 样本为对象的分析结果中，FIRMSIZE 的估计系数大多显著为正，然而利用 Investing-BVC 样本进行分析的结果却显示，FIRMSIZE 的估计系数在企业 IPO 后的 2 年内均显著为负。出现上述结果可能是由于 Entire-bank 中的大规模企业更有可能获得银行贷款，而小规模企业更多地依赖于来自 BVC 母银行的贷款。CH_SALES 的估计系数在企业 IPO 当年显著为正，然而在其他年份却没有得到显著结果。这与信息不对称程度高的企业倾向于利用关系型贷款的传统观点不一致。

2.4.2 BVC 持股与母银行董事派遣

上文的结果表明 BVC 的投资能够增加母银行向创业企业贷款的可能性。然而，BVC（或母银行）如何影响受资企业融资决策这一问题尚未得到回答。我们认为一个潜在的可能形式是母银行借助 BVC 的持股获得向受资企业派遣董事的机会（H2）。董事派遣有助于母银行获得创业企业的内部信息，进而缓解银行与企业之间的信息不对称。事实上，现有研究表明，银行倾向于向借款企业的董事会派员（Kaplan and Minton，1994）。为了验证这一假设，我们检验随着 BVC 持股比例的增加，母银行是否更有可能获得创业企业董事会的代表权（H2）。

对于研究假设 2 的单变量分析结果如表 2.6 所示。根据研究需要，我们采用 Investing-BVC 样本（剔除 Firm-IVC 组合以及在 IPO 时点 BVC 持股比例为 0 的 Firm-BVC 和 Firm-bank 组合）。由于要考察 BVC 持股对母银行董事派遣的作用，因此当附属于同一银行的多个 BVC 共同投资于特定企业时，我们将其视为一个观测对象。对于每个样本年，我们基于母银行是否在企业的董事会占有席位对 Firm-BVC 样本进行分组。由表 2.6 可见，相较于母银行没有获得董事席位的 Firm-BVC，在 IPO 企业董事会获得席位的母银行的附属 BVC 持股比例显著更高；在 IPO 年，进入 IPO 企业董事会的母银行的附属 BVC 的平均持股比例为 2.3%，而未在 IPO 企业董事会获得席位的母银行的附属 BVC，这一数值仅为 1.5%。虽然 BVC 的持股比例在 IPO 后第一年大幅下降，我们依然得到了相似的结果。值得注意的是，在企业 IPO 后的第 4 和第 5 年，母银行没有获得董事会代表权的 Firm-BVC 组合中，BVC 的持股比例的平均值为零。

此外，通过表 2.6 还可以发现，母银行派遣董事的 Firm-BVC 组合的 R_DIRBANKSHARE 显著地高于母银行未派遣董事的 Firm-BVC 组合，表明银行直接持股赋予其介入公司治理的权力。例如，在 IPO 后的第 5 年，向 IPO 企业派遣董事的银行平均持有企业 1.1% 的股份，而未派遣董事的银行仅持有企业 0.3% 的股份。我们认为母银行

表 2.6 持股比例、银行贷款与董事派遣

	Director appointment from the parent bank	Year 0	Year 1	Year 2	Year 3	Year 4	Year 5	Entire period
Current R_BVCSHARE	Yes	0.023	0.006	0.004	0.004	0.004	0.002	0.007
	No	0.015	0.002	0.001	0.001	0	0	0.004
	T-statistics	-3.980***	-4.873***	-3.481***	-3.957***	-7.211***	-5.218***	-6.274***
R_BVCSHARE at Year 0	Yes	0.023	0.024	0.022	0.022	0.026	0.027	0.024
	No	0.015	0.015	0.015	0.015	0.015	0.015	0.015
	T-statistics	-3.980***	-4.647***	-3.313***	-3.294***	-4.869***	-5.347***	-10.325***
R_DIRBANK SHARE	Yes	0.014	0.004	0.012	0.013	0.012	0.011	0.013
	No	0.005	0.012	0.003	0.003	0.003	0.003	0.004
	T-statistics	-7.769***	-7.913***	-8.600***	-9.278***	-7.792***	-6.386***	-19.270***
R_DEBT	Yes	0.040	0.063	0.057	0.051	0.05	0.049	0.055
	No	0.023	0.031	0.031	0.03	0.028	0.029	0.03
	T-statistics	-7.850***	-5.190***	-4.059***	-2.850***	-3.207***	-2.616***	-9.258***
N	Yes	72	80	80	66	69	59	426
	No	1067	977	918	865	817	718	5362

注：***、**、* 分别表示在 1%、5%、10% 的水平下显著。

的董事派遣有助于其信贷业务的拓展，基于此，我们进一步地考察了母银行的董事派遣是否有助于增加其向 IPO 企业贷款的机会。表 2.6 的结果支持了我们的观点，当母银行在 IPO 企业董事会获得代表权时，企业更多地向该银行借款。

为了进一步检验研究假设 2，我们采用 Logit 模型考察 BVC 持股对母银行董事派遣的影响。其中，D_PBDIR 表示母银行董事派遣的虚拟变量，若本年度 BVC 的母银行在受资企业董事会占有席位则取值为 1，否则为 0。主要的自变量是 R_BVCSHARE、R_DIRBANKSHARE 以及滞后一期的 R_DEBT。为了控制其他因素可能产生的影响，借鉴现有研究我们加入了如下控制变量：当多个风险投资联合投资于一家企业时，不同风险投资之间在投资目标上存在差异进而产生利益冲突，最终导致部分风险投资不得不放弃对企业的控制权（Hellmann，2002；Masulis and Nahata，2009）。因此，我们利用风险投资辛迪加规模作为控制变量（SYNDICATE）。已有研究发现，企业规模与银行董事派遣之间存在显著关系。一方面，与大企业相比，小企业更有可能面临财务困境。为降低信用风险，银行更具动机向小企业派遣董事。另一方面，大企业的董事会规模相对较大，为银行提供了更高的可能性进入企业董事会。由此，我们加入 FIRMSIZE 作为控制变量（Booth and Deli，1999；Kroszner and Strahan，2001；Dittmann et al.，2010）。CH_SALES 是企业成长性的代理变量，具有更多成长机会的企业面临更为严重的信息不对称，银行为严密地实施监督而有动机向企业派遣董事（Dittmann et al.，2010）。企业的固定资产越少，当企业陷入财务困境时银行遭受的损失越大。因此，银行会更多地向固定资产比例低的企业派遣董事（Byrd and Mizruchi，2005）。最后，本书还控制了年份和行业的影响。

回归分析的结果如表 2.7 所示。在全部样本年中，R_DIRBANKSHARE 的估计系数均显著为正，表明母银行的直接持股能够有助于其获得 IPO 企业的董事席位。此外，R_DEBT 的估计系数在大多数样本年度中显著为正，证实了银行为降低信用风险而倾向于通过派遣董事介入对借款企业的公司治理。特别地，表 2.7 的结果显示，在控制母银行直接持股和贷款的影响后，R_BVCSHARE 的估计系数显著为正，表明 BVC 的持股越多越能够赋予母银行更多地向借款企业派遣董事的机会。事实上，Kaplan 和 Stromberg（2004）以及 Masulis 和 Nahata（2009）发现，风险投资的所有权与受资企业董事会派员之间具有显著的正相关关系。本书拓展了已有研究的结果，首次证实了 BVC 的股权投资有助于增加其母银行向企业派遣董事的机会。换言之，BVC 是从母银行利益最大化出发而进行投资的战略投资者。[1]

关于控制变量，SYNDICATE 的估计系数在部分年度显著为负，说明风险投资辛迪加规模越大，母银行越难获得 IPO 企业董事会的代表权。FIRMSIZE 的估计系数显著为正，结果支持了大企业的董事会规模相对较大，为母银行提供了更多的派遣董事的机会的观点

---

[1] 另一种解释是，BVC 的股权投资为母银行的退休员工提供了在受资企业就职的机会。这种解释同样支持了我们的观点，不同于 IVC，BVC 是以母银行利益为出发点而实施投资的战略投资者。

表 2.7 BVC 持股与母银行董事派遣的回归结果

	Year 0	Year 1		Year 2		Year 3		Year 4		Year 5		Entire period	
One-year lagged R_DEBT	7.345*** (4.32)	5.561** (1.98)	5.425** (2.08)	5.123* (1.77)	5.062* (1.80)	2.406 (0.73)	2.051 (0.64)	5.470** (2.45)	4.509** (2.08)	1.217 (0.31)	0.329 (0.08)	5.051*** (2.73)	4.922*** (2.71)
Current R_BV SHARE	43.691*** (3.20)	33.412** (2.07)		41.452*** (2.68)		91.869*** (3.46)		82.221** (2.21)				21.560*** (3.74)	
R_BVCSHARE at Year 0	19.087*** (3.30)		23.451*** (3.87)		16.280*** (2.47)		14.981** (2.13)		22.268*** (3.20)		25.588*** (3.71)		19.621*** (4.25)
R_DIRBANK-SHARE	31.291*** (3.15)	36.424*** (3.35)	32.885*** (3.04)	42.076*** (3.88)	39.796*** (3.65)	51.047*** (4.56)	50.241*** (4.50)	28.415* (2.39)	33.215*** (3.07)	34.849*** (2.91)	35.596*** (3.21)	39.107*** (4.54)	36.863*** (4.29)
SYNDICATE	-0.039 (-1.31)	-0.035 (-1.17)	-0.046** (-1.50)	-0039 (-1.41)	-0.047* (-1.67)	-0.033 (-1.09)	-0.040 (-1.32)	-0.058 (-2.20)	-0.066** (-2.45)	-0.051* (-1.80)	-0.046 (-1.58)	-0.044** (-2.04)	-0.046** (-2.09)
FIRMSIZE	0.484*** (2.64)	0.341** (2.28)	0.448*** (2.92)	0.247* (1.65)	0.310** (2.00)	0.354** (2.30)	0.412*** (2.62)	0.257* (1.79)	0.331** (2.26)	0.132 (0.75)	0.238 (1.36)	0.287** (2.53)	0.345*** (3.09)
TANGIBLE	-1.259 (-1.42)	-0.908 (-1.17)	-1.014 (-1.29)	-0.301 (-0.42)	-0.324 (-0.45)	-0.043 (-0.06)	-0.059 (-0.08)	0.098 (0.13)	0.014 (0.02)	-1.046 (-1.26)	-1.009 (-1.25)	-0.473 (-0.74)	-0.499 (-0.76)
CH_SALES	-0.587** (-2.09)	-0.577 (-1.15)	-0.664 (-1.32)	-0.239 (-1.03)	-0.277 (-1.12)	-0.098 (-0.33)	-0.197 (-0.60)	0.071 (1.04)	0.04035 (0.55)	-0.497 (-0.87)	-0.594 (-1.19)	-0.067 (-0.33)	-0.099 (-0.51)
Constant	-6.264*** (-3.88)	-4.726*** (-3.58)	-5.945*** (-4.18)	-3.362** (-2.55)	-4.121*** (-2.96)	-4.389*** (-3.29)	-5.138*** (-3.70)	-3.685*** (-2.85)	-4.675*** (-3.45)	-2.622* (-1.81)	-4.114*** (-2.71)	-4.190*** (-4.15)	-5.102*** (-5.08)
Pseudo R^2	0.1572	0.1564	0.1615	0.1430	0.1464	0.1672	0.1666	0.1795	0.1738	0.1173	0.1354	0.1231	0.1329
N	1126	1045	1045	972	972	906	906	861	861	748	748	5666	5666

注：***、**、*分别表示在1%、5%和10%的水平下显著。

（Booth and Deli，1999；Kroszner and Strahan，2001；Dittmann et al.，2010）。

值得注意的是，表 2.7 的结果也可能是由于 BVC 购买了母银行拥有董事会代表权的企业的股份而导致的。为解决这一问题，我们进一步地考察了 BVC 的持股是否有助于母银行向企业增派新的董事。具体地，我们采用 D_NEWPBDIR 作为因变量进行了 Logit 回归分析。其中，D_NEWPBDIR 为母银行新派遣董事的虚拟变量，当该年度母银行向 IPO 企业派遣了新董事时取值为 1，否则为 0。主要的自变量包括 R_BVCSHARE、R_DIRBANKSHARE 以及滞后一年的 R_DEBT。我们认为，当企业陷入财务困境时，母银行为了保护其债权价值更有动机向企业增派董事。为了验证这一假设，我们借鉴 Kaplan 和 Minton（1994）的方法，构建了企业可能陷入财务危机的虚拟变量 D_LOSS。当企业的息税前利润为负数时，意味着该企业在债务偿还方面可能面临困难。因此，当 IPO 企业的息税前利润为负数时，D_LOOS 取值为 1，否则为 0。同时，借鉴 Kaplan 和 Minton（1994）的方法，我们还加入了滞后一期的 D_LOSS（LAG_D_LOSS），以考察母银行董事派遣的时效性。

母银行的新增董事派遣的年度分布如表 2.8 所示。1.5% 的 Firm-BVC 组合新接收了来自母银行的董事派遣。特别地，由表 2.8 可见，母银行的新董事派遣行为并非集中在上市早期阶段。在企业 IPO 后的第 4 年，BVC 持股比例大幅地减少，母银行更多地向 IPO 企业派遣新的董事。

表 2.8 母银行的新董事派遣

Year	Number ofFirm−BVC pairs in which the parent bank appoints new director to the firm	Percentage of Firm−BVC pairs observations that take a value of one in which the parent bank appoints new director to the firm	Number of observations
Year 1	18	0.017	1057
Year 2	17	0.017	996
Year 3	7	0.008	931
Year 4	19	0.021	885
Year 5	9	0.012	777
Entire period	70	0.015	4646

母银行新董事派遣的 Logit 回归分析的结果如表 2.9 所示。D_LOSS 的估计系数为正，并在 10% 的水平显著。然而，LAG_D_LOSS 对于母银行的新董事派遣不存在显著性影响。上述结果表明，母银行能够向陷入财务危机的企业及时派遣董事以降低信用风险。R_DEBT 的估计系数也显著为正，说明母银行为了保护其债权价值，有动机向借款企业增派董事。此外，表 2.9 还显示，当期 R_BVCSHARE 的估计系数不显著，而 IPO 年的 R_BVCSHARE 的估计系数却显著为正。上述结果说明，企业上市前利用 BVC 实施的股权投资有助于母银行增加其在受资企业董事会的代表权进而强化对企业的监督治理。然而，有趣的是，我们没有发现母银行的直接持股对新增董事派遣具有显著的影响。关于这一结果的可能解释是，相对于股权投资价值，银行更加关注债权的价值进而实施紧密的监控。

表 2.9　母银行新董事派遣的回归分析

	(1)		(2)	
	Coefficient	Z-statistics	Coefficient	Z-statistics
D_LOSS	0.483 *	1.69	0.479 *	1.67
One-year lagged D_LOSS	−0.035	−0.10	−0.066	−0.18
One-year lagged R_DEBT	7.351 ***	3.61	7.088 ***	3.55
Current R_BVCSHARE	22.784	1.08		
R_BVCSHARE at Year 0			13.921 **	2.30
R_DIRBANKSHARE	2.479	0.22	0.229	0.02
SYNDICATE	−0.028	−1.33	−0.030	−1.42
FIRMSIZE	0.286 **	1.98	0.340 **	2.38
TANGIBLE	−0.713	−1.22	−0.687	−1.18
Constant	−7.073 ***	−4.24	−7.792 ***	−4.67
Year Dummy	Yes			
Industry Dummy	Yes			
Pseudo R^2	0.0959		0.1011	
N	4537		4537	

注：***、**、*分别表示在 1%、5% 和 10% 的水平下显著。

2.4.3　创业企业股份购入价格

以上研究结果表明，不同于单纯地追逐高资本收益的 IVC，BVC 是战略投资者。表 2.1 的结果支持了这一观点，为实现战略目标，BVC 乐于以较高的价格购入创业企业的股票。为了进一步地检验在控制其他因素后这一假说是否成立（H3），我们进行了对 PRICE（风险投资在企业 IPO 前三年购入企业股票的平均价格）的多元回归分析。样本是包含 Firm-BVC 以及 Firm-IVC 在内的全部 Firm-VC 组合。主要的自变量 D_BVC 是风险投资背景的虚拟变量，当 Firm-VC 组合为 Firm-BVC 时 D_BVC 取值为 1，当 Firm-VC 组合为 Firm-IVC

时则取值为 0。Wang 等（2002）和 Hellmann 等（2008）发现，相较于 BVC，IVC 更多地向处于早期发展阶段的创业企业投资。受到数据可得性的限制，我们仅能得到企业 IPO 前三年风险投资购入企业股份的平均价格。然而，这一数据有助于规避企业发展阶段差异对股票购入价格的影响。风险投资通常采取联合投资方式开展投资活动。由于不同的 BVC 购入企业股票的价格可能存在差异，当附属于同一银行的不同 BVC 向一家企业共同投资时，我们将其视为独立的观测对象。为了控制其他因素的影响，我们在回归模型中添加如下控制变量：SYNDICATE、FIRMSIZE、FIRMAGE（IPO 时点的企业年龄、IPO 年的 ROA 以及年份与行业的虚拟变量）。此外，我们在回归分析时使用企业聚类稳健标准误。当我们用风险投资聚类稳健标准误替换时，得到了一致的结果。

回归分析的结果如表 2.10 所示。D_BVC 的估计系数显著为正，表明 BVC 愿意支付更高的价格购买创业企业的股份。研究假设 3 得到支持。结合 BVC 的投资有助于母银行向受资企业提供贷款和派遣董事的分析结果，本书证实了 BVC 是战略投资者。Gompers 和 Lerner（2000）、Masulis 和 Nahata（2009）发现，CVC 为实现其战略目标，乐于接受以更高的价格购买创业企业的股份。我们的研究结果为这一观点提供了新的证据支持，即具有战略目标的 BVC 在投资时倾向于给予创业企业股票更高的定价。关于控制变量的回归结果显示，不同于先前研究，FIRMSIZE 和 ROA 的估计系数显著为负。对于上述结果可能的解释是，由于购入价格（PRICE）是风险投资购入股票的平均价格与 IPO 发行价格的比值，而作为分母的 IPO 发行价与

FIRMSIZE 和 ROA 具有正相关关系。

表 2.10   创业企业股份购入价格的回归分析

	Coefficient	T-statistics
D_BVC	0.095**	2.11
SYNDICATE	0.003	0.63
FIRMSIZE	−0.057**	−2.07
FIRMAGE	−0.023	−0.73
ROA	−1.025***	−3.60
Constant	0.946***	3.90
Year Dummy	Yes	
Industry Dummy	Yes	
R-squared	0.2257	
N	919	

注：＊＊＊、＊＊、＊分别表示在 1%、5% 和 10% 的水平下显著。

2.5   本章小结

仅有少量学者关注了风险投资的组织结构对其投资目标和投资行为的影响。Gompers 和 Lerner（2000）以及 Masulis 和 Nahata（2009）发现，CVC 为了提升母公司的竞争优势和市场价值，乐于以较高的价格购入创业企业的股票。Hellmann（2002）、Wang 等（2002）以及 Hellmann 等（2008）指出，银行通过直接投资或附属 BVC 间接地投资于创业企业，在企业早期发展阶段建立关联，以期在企业成熟时增加银行向其提供贷款的可能性。

基于已有文献，我们发现银行可以通过直接股权投资与创业企业建立关系。在此情况下，为何银行还需要通过附属 BVC 间接地投资于创业企业？另外，如果 BVC 的间接投资与母银行的直接投资在帮助母银行获得对创业企业的控制权方面能够具有同等效力，那么通过附属 BVC 实施间接投资使银行在享有专业化的优势的同时，还能够降低投资组合风险。此时，母银行应选择放弃通过直接投资与企业建立联系，而完全地依赖于 BVC 的间接投资。由此可见，关于这一问题还需要深入研究。在此背景下，在控制母银行直接投资的影响后，考察依靠 BVC 的间接投资能否帮助母银行拓展信贷业务这一问题具有重要的研究意义。

我们利用日本的数据研究这一问题。在日本，银行被允许持有非金融机构和企业的股份。实证分析结果显示，BVC 的股权投资能够显著地提高母银行向受资企业贷款的可能性。进一步的研究发现，BVC 持有企业的股份越多，其母银行越有可能获得受资企业董事会的代表权。上述研究结果表明，银行通过 BVC 间接地向创业企业投资，不仅能够规避直接投资的成本、享有专业化优势，同时能够实现拓展信贷业务的目的。换言之，不同于 IVC，BVC 是战略投资者。事实上，研究还发现 BVC 为了实现战略目标，其购入创业企业股份的价格显著地高于纯粹追求高资本收益的 IVC。另外，以 Investing-BVC 样本为对象的分析结果显示，BVC 的持股比例与母银行贷款额间不存在显著的相关关系，表明 BVC 的间接投资与母银行的直接投资在对创业企业的控制力方面不具备同等效力。

本书主要在以下两方面对先前研究进行了拓展：

第一，本书首次在控制母银行直接股权投资影响的情况下，明确了 BVC 持股对于母银行拓展信贷业务以及向受资企业派遣董事中的作用。特别地，本书利用一对一的定量数据考察了 BVC 的持股比例与母银行贷款额之间的关系。基于以上分析，本书揭示了银行通过附属 BVC 间接地向创业企业投资所伴随的成本与收益。

第二，已有研究显示 CVC 为了实现战略目标愿意支付较高的价格购入创业企业的股票（Gompers and Lerner，2000；Masulis and Nahata，2009）。本书发现，与 CVC 相似，BVC 购入创业企业股份的价格显著地高于 IVC，对既有文献形成了有益补充。综上，本书为 BVC 的战略性投资行为提供了全面而有力的证据。

3　独立系风险投资的黑暗面

3.1　绪　论

　　金融混业经营在带来认证效应的同时，利益冲突问题也逐渐凸显。在此背景下，学者们围绕商业银行参与经纪和承销业务的经济后果进行了广泛的研究（Kroszner and Rajan，1994；Puri，1994，1996；Gande et al.，1997；Konishi，2002；Takaoka and McKenzie，2006；Kang and Liu，2007）。Puri（1994，1996）对《格拉斯—斯蒂格尔法案》颁布前的美国债券市场进行了研究，实证分析结果支持了认证效应假说。[①]另外，Kang 和 Liu（2007）以日本资本市场为对象的研究为利益冲突假说提供了证据支持；商业银行会通过折价发行

---

① Gande 等（1997）、Kroszner 和 Rajan（1994）以及 Konishi（2002）的研究结果也支持了认证效应假说。

企业债券的方式吸引投资者，导致发行者遭受损失。[①]

此外，还有大量学者以首次公开发行（IPO）为背景，对金融混业经营的经济后果进行了研究。如前所述，在日本和德国等银行占据主导地位的资本市场上，商业银行和证券公司纷纷涉足风险投资领域，积极地投资于创业企业并助力企业上市（Black and Gilson，1998；Hamao et al.，2000；Wang et al.，2002；Kutsuna et al.，2007；Tykvova and Walz，2007；Bottazzi et al.，2008；Arikawa and Imad'Eddine，2010）。风险投资被普遍认为是积极的投资者，在投资后积极地发挥监督、治理以及辅助功能，从而使受资企业的质量得到提升，因此风险投资具有认证效应（Gorman and Sahlman，1989；Lerner，1994，1995；Gompers，1995；Hellmann and Puri，2002；Hsu，2004；Baum and Silverman，2004；Bottazzi et al.，2008）。所以，风险投资支持的企业在上市时 IPO 抑价程度较低，长期业绩表现更好（Barry et al.，1990；Megginson and Weiss，1991；Jain and Kini，1995；Brav and Gompers，1997）。

基于以上讨论，我们可以推测，由于银行背景风险投资（BVC）能够利用母银行收集关于受资企业的信息，因而能够更有效地发挥认证效应。然而，现有研究却显示，相较于金融机构附属风险投资（FVC），独立系风险投资（IVC）能够为受资企业提供更多的增值服务（Gompers and Lerner，2000；Van Osnabrugge and Robinson，2001；

---

① 银行参与承销业务可能带来不同的经济后果。Gande 等（1999）发现银行参与承销业务提高了市场的竞争性，显著地降低了承销价差。Takaoka 和 McKenzie（2006）以日本市场为研究对象的分析结果显示，银行通过子公司进入承销市场导致承销费用显著下降。Yasuda（2005）的研究结果显示，当债券发行企业与承担承销业务的商业银行存在密切关联时，承销费用相对较低。

Wang et al.，2002；Tykvova and Walz，2007；Bottazzi et al.，2008）。具体地，IVC 支持的企业在 IPO 时的首日抑价率显著地低于其他类型风险投资支持的企业（Wang et al.，2002），并且 IPO 后的长期业绩表现也更为优良（Hamao et al.，2000；Wang et al.，2002；Tykvova and Walz，2007）。Hamao 等（2000）将这一结果解释为，企业 IPO 过程中，若领投风险投资为券商背景风险投资（SFVC），可能与创业企业产生利益冲突进而导致企业长期业绩表现低迷。

不同于已有文献，本书旨在揭示 FVC 积极的一面，或者说 IVC 的黑暗面。具体地，我们认为 IVC 具有推动不成熟的创业企业仓促上市的倾向，因此导致企业 IPO 首日抑价程度相对较高、长期业绩走低。我们提出上述假说的理由如下：

首先，良好的业绩表现和声誉是企业利用外部市场获得融资的重要前提条件之一（Diamond，1989；Chevalier and Ellison，1997；Sirri and Tufano，1998）。由于大多数风险投资也是利用外部市场筹集资金，因此，声誉对于风险投资而言也具有重要作用（Sahlman，1990）。基于此，Gompers（1996）提出逐名假说（the Grandstanding Hypothesis），新兴风险投资急于将受资企业在尚未发展成熟的情况下仓促上市，从而博得声誉以便进行后续的资金筹集。由于 IVC 与其他企业或机构不存在隶属关系，因此必须定期地依赖于外部市场筹集资金（Wang et al.，2002）。因此，类似于新兴风险投资机构，IVC 也具有强烈的动机提高自身声誉。与 IVC 相对，FVC 可以通过内部资本市场（母公司）获得资金，较少利用外部融资。融资环境的不同使得 IVC 和 FVC 在逐名动机上存在差异。

其次，Hellmann（2002）、Wang 等（2002）和 Hellmann 等（2008）认为，BVC 为了拓展母银行的信贷业务而投资于创业企业。事实上，在第 2 章中我们利用日本数据分析的结果支持了这一观点。在此背景下，相较于追求高资本收益的 IVC，基于战略目标投资的 BVC 的风险厌恶程度相对更高。具体地，为了帮助母银行挖掘优质客户、拓展贷款业务，BVC 更倾向于投资处于成熟发展阶段的创业企业并待时机成熟时推动企业上市。另外，从受资企业角度出发，通过 IPO 获得自身发展所需的资金是企业上市的目的之一（Miyakawa and Takizawa，2012）。若企业能够利用 BVC 的母银行贷款获得发展所需的资金，迫于融资需求而尽早上市的动机将被削弱。与之相对，IVC 支持的企业则有强烈的动机尽快上市，以便利用外部资本市场募集发展所需的资金。

最后，在银行主导型金融体系下，日本形成了以金融机构为主导的风险投资模式，FVC 在风险投资市场上更具竞争优势。在此环境下，不具竞争优势的 IVC 可能不得不投资于资质差的企业并将其推动上市。

本书选取 1998～2006 年在日本创业板市场上市的 IPO 企业为研究样本，考察 IVC 是否比 FVC 具有更强烈的动机将企业在未成熟阶段仓促上市。在日本，JASDAQ、MOTHERS 和 HERCULES 是面向创业型企业的证券交易所。其中，MOTHERS 和 HERCULES 为了使更多的有潜力的创业企业获得融资机会和成长空间，与 JASDAQ 相比较，设置了更为宽松的上市条件。Kutsuna 和 Smith（2004）提出，MOTHERS 和 HERCULES 的开设是导致日本 IPO 首日抑价程度增高的原因之一。[①]进一步地，Kaneko 和 Pettway（2003）、Kirkulak 和 Davis（2005）以及 Arikawa 和 Imad'Eddine（2010）指出，随着 MOTHERS 和 HERCULES 的设立，IPO 企业数量明显增加，但 IPO 时点的企业年龄年轻化趋势日益显著。基于此，我们认为 MOTHERS 和 HERCULES 市场的设立为 IVC 推动受资企业在未成熟阶段上市提供了更高的可能性。换言之，证券交易所在上市条件上的差异为我们验证研究假设提供了机会；急于提高声誉的风险投资倾向于将受资企业在上市条件更为宽松的证券交易所上市。

实证分析结果显示，IVC 支持的企业在 IPO 时点的年龄显著地低于 FVC 支持的企业，规模也相对较小。研究还发现，与 FVC 支持的 IPO 企业向比，IVC 支持的企业由于在未成熟阶段过早地上市，更倾向于选择声誉较低的证券公司担任承销商，并在上市条件更为宽松的证券交易所上市。此外，研究还发现，规模小、年龄低的 IPO 企业的首日抑价程度相对较高，长期业绩表现相对较差。上述研究结果表明，IVC 具有将资质差的企业公开上市的倾向。

与现有文献相比，本书可能的创新和贡献体现在：

首先，本书丰富了金融混业经营的经济后果的相关研究。不同于传统风险投资 IVC，FVC 立足于更长远的视野开展投资活动；FVC 更加重视受资企业的发展，选择在适当的发展阶段推动企业上市。因此，银行及证券公司进入风险投资市场，能够有效地保护受资企业，避免其在未成熟阶段过早地上市。

---

① Kutsuna 和 Smith（2004）认为，热市场效应是导致日本 IPO 抑价程度升高的主要原因之一。

其次，大量研究结果表明，IVC 对受资企业具有积极的推动作用（Hamao et al.，2000；Wang et al.，2002；Tykvova and Walz，2007；Bottazzi et al.，2008）。不同于现有文献，本书揭示了 IVC 的黑暗面；IVC 急于将受资企业在未成熟阶段仓促上市。

3.2　文献回顾与研究假说

已有研究发现，IVC 具有增值效应；通过对受资企业实施监督治理、提供咨询建议以及认证功能进而提升企业价值（Gompers and Lerner，2000；Hamao et al.，2000；Van Osnabrugge and Robinson，2001；Wang et al.，2002；Tykvova and Walz，2007；Bottazzi et al.，2008）。然而，当企业获得来自 SFVC 的投资时，有可能产生利益冲突。通常情况下，SFVC 的母证券公司会在受资企业 IPO 时担任承销商。此时，SFVC 为使母公司获得更多承销费用，倾向于设定较高的发行价格，导致企业长期业绩低下（Hamao et al.，2000）。此外，Ber 等（2001）指出，BVC 的投资也有可能导致利益冲突，银行会利用自身的信息优势影响 IPO 企业股价。另外，Hellmann 等（2008）发现，银行为了拓展信贷业务而通过附属 BVC 的投资与创业企业建立联系。由此，我们推测 BVC 为了降低母银行的信用风险，会阻止企业在未成熟阶段过早地上市。

部分学者考察了不同背景风险投资在企业 IPO 中的作用。因为 IVC 能够向受资企业提供更多的增值服务，所以，IVC 支持的 IPO 企业的首日抑价程度相对较低，长期业绩表现良好。然而，不同于先前研究，我们认为 IVC 具有在受资企业未成熟阶段推动企业上市的倾向，而过早地上市将导致企业不得不承担较高的 IPO 抑价以及长期业绩低迷的后果。

具体地，IVC 将受资企业在未成熟阶段仓促上市的潜在原因如下：

首先，逐名动机。如前所述，风险投资的主导组织形式是有限合伙制，具有确定的寿命。这一特征意味着为了继续开展投资活动，风险投资必须定期地从外部市场筹集资金。Sahlman（1990）指出，具有良好声誉的风险投资能够相对容易地以低成本获得资金。在此背景下，风险投资具有强烈的动机提高自身的声誉。基于此，Gompers（1996）提出了逐名假说，即新兴风险投资为了建立声誉进而成功地获得融资，倾向于将受资企业在未成熟阶段推动上市。实证分析的结果为逐名假说提供了支持，新兴风险投资支持的企业在 IPO 时点的年龄相对较低。进一步的分析结果显示，企业年龄越低，IPO 时的首日抑价程度越高。Hibara 和 Mathew（2004）以日本风险投资为对象进行的研究得到了一致的结论。Wang 等（2013）基于新加坡市场的研究进一步地指出，新兴风险投资支持的 IPO 企业的长期业绩表现相对较差。类似于新兴风险投资机构，IVC 必须定期地通过外部市场筹集资金，因而也具有较强的逐名动机。与之相对，由于 FVC 能够利用内部资本市场筹集资金（Kutsuna et al.，2006），因此其逐名动机相对较弱。特别是在日本，依赖于内部融资的 FVC 在风险投资市场中占有重要地位。Hamao 等（2000）发现，在 1989 ~

1995 年获得风险投资支持的 210 家 IPO 企业中，170 家 IPO 企业的领投为 FVC。Mayer 等（2005）指出，日本的 BVC 是作为银行的子公司或附属投资机构设立的。基于此，我们认为相较于 FVC，IVC 具有更为强烈的逐名动机，将受资企业在未成熟阶段仓促上市从而提高自身的声誉。

其次，如前所述，BVC 为了帮助母银行挖掘优质客户、拓展信贷业务而投资于创业企业（Hellmann，2002；Wang et al.，2002；Hellmann et al.，2008）。因此，与 IVC 相比，BVC 风险厌恶程度相对较高；为降低母银行的信用风险，BVC 倾向于选择处于成熟发展阶段的企业作为投资对象。值得注意的是，已有研究显示，规模大、设立时间长的 IPO 企业的首日抑价程度相对较低，长期业绩表现相对优良。基于此，我们推测，BVC 支持的 IPO 企业具有较低的首日抑价率和更为出色长期业绩表现。此外，BVC 投资的企业能够通过向母银行贷款的方式获得融资。因此，从企业角度，尽早上市以便利用外部资本市场融资的压力相对较弱。Miyakawa 和 Takizawa（2012）研究结果证实了这一观点，BVC 支持的 IPO 企业比其他 IPO 企业更擅长选择上市时机。此外，研究还发现，共同投资于创业企业的风险投资的异质性越高，企业首次获得风险投资到 IPO 上市的时间间隔越短。上述结果可以解释为，IVC 的参与使企业在未成熟阶段过早地上市，进而缩短了上市所需时间。

最后，在银行主导型金融体系下，金融机构在资本市场上占据重要地位。在此背景下，IVC 可能处于竞争劣势。另外，银行在企业融资、公司治理等方面发挥着不可忽视的作用，因而在日本资本市场上享有较高声誉。类似地，在风险投资市场上，FVC 相对于 IVC 历史更为悠久，并占据主导地位。此外，Kutsuna 等（2006）还指出，在日本，母银行广泛的社会网络有助于 BVC 挖掘潜在的优质投资对象。在此情况下，IVC 只能投资于资质较差的企业，并将企业在未成熟阶段上市。[①]基于以上讨论，我们提出研究假设 H1，并采用企业 IPO 时的年龄和规模作为企业成熟度的代理变量。

H1：相较于 FVC 支持的企业，IVC 支持的企业在 IPO 时规模更小、年龄更低。

由于在未成熟阶段仓促上市，IVC 支持的企业可能会呈现出不同的 IPO 特征。已有研究显示，具有较高声誉的承销商倾向于选择信息不对称程度低的 IPO 企业（Johnson and Miller，1988；Barry et al.，1990；Carter and Manaster，1990；Megginson and Weiss，1991）。由于 IVC 支持的企业年龄低、规模小，面临严重的信息不对称，因而相较于 IVC 支持的 IPO 企业，较高声望的承销商更青睐 FVC 支持的 IPO 企业。为了检验这一假设，借鉴 Beckman 等（2001）、Kaneko 和 Pettway（2003），我们构建了承销商声誉的虚拟变量（D_Rand），当承销商为日本三大证券公司（Nomura Securities、Daiwa Securities 和 Nikko Securities）时取值为 1，否则为 0，如表 3.1 所示。

---

① Wang 等（2003）认为，新加坡风险投资市场上存在逆向选择问题；资质好的企业通常选择自行上市，仅有资质差的企业才会寻求风险投资的支持。在日本，FVC 具有较高的声誉和丰富的社会网络资源。因此，资质好的企业倾向于利用 FVC 的投资。

表 3.1　变量定义

变量	定义
D_IVC	独立系风险投资的虚拟变量，当 IPO 企业为 IVC 支持的企业时取值为 1，否则为 0
D_Non-VC	无风险投资支持的虚拟变量，当 IPO 企业没有获得风险投资的支持时取值为 1，否则为 0
lnVCAge	风险投资年龄，IPO 时点风险投资机构年龄的自然对数
D_List	风险投资为上市企业时取值为 1，否则为 0
lnFirmAge	企业年龄，IPO 时点企业年龄的自然对数
lnFirmAsset	企业规模，IPO 时点企业规模的自然对数
D_Rank	承销商声望的虚拟变量，当承销商为日本三大证券公司（Nomura Securities、Daiwa Securities、Nikko Securities）时取值为 1，否则为 0
D_Market	证券交易所的虚拟变量，当企业在 JASDAQ 公开上市时取值为 1，当企业选择在 MOTHERS 或 HERCULES 上市时取值为 0
Underpricing	首日抑价率，上市首日收盘价与发行价的差与发行价的比值
$CH\_AD\_ROA_t$	相对于 IPO 前一年的行业调整 ROA 变化值，行业调整 ROA 为 IPO 企业 ROA 与行业 ROA 中间值的差。IPO 年被视作 Year 0
AD_BHR_t	调整后购买并持有超额收益，IPO 企业 t 时段的购买并持有超额收益与配对企业同时段的购买并持有超额收益的差
VCShare	IPO 时点风险投资的持股比例
lnOffersize	IPO 发行规模的自然对数
P/E	市盈率，IPO 发行价格与上一年度每股收益的比值
B/M	账面市值比，所有者权益账面价值与市值的比
Leverage	企业总负债与总资产比值
D_Hot	热市场的虚拟变量，当观察年度为 1999 年或 2005 年时取值为 1，否则为 0

　　此外，在未成熟阶段公开上市还有可能影响企业上市证券交易所的选择。先前研究指出，上市证券交易所的选择具有信号作用，

能够向市场传递企业资质相关的信息（Sherman Cheung and Lee，1995；Johan，2010）。因此，选择在要求严格的证券交易所上市的企业的 IPO 抑价率相对较低，IPO 后的长期业绩表现也显著地优于在条件宽松的证券交易所上市的企业（Hwang and Jayaraman，1993；Corwin and Harris，2001；Locke and Gupta，2008）。正如前面所介绍的，日本共设有三个面向创业型企业的证券交易所。其中，JASDAQ 是日本历史最悠久的创业型企业证券交易所，前身为 1963 年设立的店头市场，于 2004 年改制为证券交易所。为了向创业企业提供更多的上市机会，日本在 1999 年和 2000 年分别开设了 MOTHERS 和 HERCULES 证券交易所。① 其中，历史最为悠久的 JASDAQ 证券交易所在三家创业型企业取向证券交易所中声望最高，上市条件也最为严苛。② 净利润是衡量企业资质的有效指标之一（Fama and French，2004；Brau and Fawcett，2006）。因此，拟在 JASDAQ 证券交易所上市的企业被要求上市前一年的净利润不得低于 1 亿日元。与之相对，MOTHERS 为了降低创业企业上市的门槛，在上市条件中未设置对于净利润的要求。HERCULES 在上市条件中虽然对净利润提出了要求，但要求条件远比 JASDAQ 宽松；拟在 HERCULES 证券交易所上市的企业其前一年的净利润需高于 7500 万日元。此外，若企业资本数额满足 HERCULES 的上市要求，则对于净利润的要求可被忽略。③ 在企

---

① 2010 年，HERCULES 证券交易所被 JASDAQ 收购。

② 拟在 JASDAQ 上市的企业满足 Standard 板块或 Growth 板块两者上市条件的任一均可。其中，Growth 板块于 2010 年 10 月生效，上市条件相对宽松。由于 Growth 板块的上市条件生效时间超出样本期间，因此本书中不涉及 Growth 板块的上市条件。

③ HERCULES 证券交易所设有不同类别的上市条件，企业可根据自身条件进行选择。其中，最为宽松的上市条件是面临初创企业的 Growth 类。

业规模方面，JASDAQ 要求拟上市企业的净资产规模不得低于 2 亿日元，而 MOTHERS 对净资产未做要求。虽然 HERCULES 对净资产规模的要求较为严格，然而先前研究仅发现企业的净收益能够降低 IPO 抑价。基于此，我们认为，相较于 JASDAQ 证券交易所，急于将企业在未成熟阶段上市的 IVC 更倾向于选择 MOTHERS 或者 HERCULES。为了检验这一研究假设，我们引入了证券交易所的虚拟变量 D_Market，在 JASDAQ 上市的 IPO 企业取值为 1，而选择在 MOTHERS 和 HERCULE 上市的企业则取值为 0。

H2：相较于 FVC 支持的 IPO 企业，IVC 支持的企业由于在未成熟阶段过早地公开上市，更有可能选择声望低的证券公司担任承销商，并选择在上市条件宽松的证券交易所上市。

研究假设 H1 认为，IVC 支持的企业相较于 FVC 支持的企业在 IPO 时点的企业规模更小、年龄更低。然而，需要注意的是，研究假设 H1 也支持了先前研究中提出的 IVC 是更为积极的投资者这一观点，即由于 IVC 能够更加有效地发挥监督和认证功能，因此能够在早期阶段将企业成功地推动上市。基于此，我们有必要验证企业成熟度代理变量的有效性。事实上，Gompers（1996）、Wang 等（2003）、Hibara 和 Mathew（2004）的研究进一步指出，新兴风险投资将企业在早期阶段仓促上市是需要付出代价的，表现为 IPO 抑价程度高或长期业绩表现低下。借鉴已有研究，我们进一步地考察企业成熟度的代理变量与 IPO 抑价率以及 IPO 后长期业绩表现之间的关系。据此，提出研究假设 H3。

H3：与 FVC 支持的企业相比，IVC 支持的企业由于过早地上市，

IPO 抑价程度相对较高，IPO 后的长期业绩表现相对较差。

3.3　样本描述与数据来源

本书的样本选自 1998 ~ 2006 年在日本 JASDAQ、MOTHERS 以及 HERCULES 证券交易所上市的企业。我们利用日本 IPO 招股说明书手动收集 IPO 企业的股东及出资信息，并将风险投资持股的 IPO 企业记为 Venture Capital – backed IPOs（以下简称 VC – backed IPOs）。Barry 等（1990）、Tykvova 和 Walz（2007）指出，当风险投资开展联合投资时，持股比例最高的风险投资通常被视为领投者，在监督和辅助企业成长方面发挥核心作用。基于此，我们利用日本风险投资协会（Venture Enterprise Center）发布的风险投资年鉴来识别风险投资的隶属关系。若某一风险投资的最大股东为银行或证券公司，我们将该风险投资界定为 FVC。此外，我们还对风险投资机构的主页进行了检索，若风险投资机构的主页中显示该风险投资隶属于银行或证券公司，我们也将该风险投资界定为 FVC。例如，我们将 Mizuho Capital（日本最大的银行系风险投资）认定为 FVC 是由于 Mizuho bank 是其最大股东（Mizuho bank 持有该风险投资 49.9% 的股份）。我们将日本最大的风险投资机构 JAFCO Co. Ltd.（以下简称 JAFCO）认定为 FVC 是由于 JAFCO 附属于日本最大的证券公司 Nomura Group。作为 JAFCO 的最大股东，Nomura Group 持有其 17.4% 的股份。类似地，我们通过风险投资的股东信息以及风险投资机构的主页来识别独立系风险投资。例如，我们将 Future Venture Capital Co.，Ltd. 认定为 IVC 是由于该风险投资机构的最大股东为其 CEO。[①] 在剔除了无法识别风险投资背景信息的 IPO 企业后，我们得到 FVC 担任领投的 IPO 企业 435 家，IVC 担任领投的 IPO 企业 63 家。此外，样本中还包括 242 家没有获得风险投资支持的 IPO 企业。据此，最终样本包含 740 家 IPO 企业。

IPO 企业的财务数据和股票收益数据分别来源于 Nikkei NEEDS Financial Quest 数据库和 Nikkei NEEDS Portfolio Master 数据库。此外，我们收集了风险投资机构特征的相关数据。已有研究显示，风险投资机构的年龄会影响其逐名动机（Gompers，1996；Wang et al.，2003；Hibara and Mathew，2004）。鉴于此，我们手动收集了风险投资机构的年龄信息，并将其自然对数（lnVCAge）加入实证分析。上市风险投资结构具有更高的声誉，能够更容易地获得融资，因此其逐名动机相对较弱。基于此，我们构建了上市风险投资机构的虚拟变量（D_List），当 IPO 企业的领投者为上市风险投资机构时取值为 1，否则为 0。

研究假设 H3 预测 IVC 将受资企业过早地上市是需要付出成本的。借鉴已有研究，我们利用 IPO 抑价率和 IPO 长期业绩表现作为成本的代理变量来验证该假设。已有研究指出，信息不对称问题程度高的企业需要承担较高的 IPO 抑价（Rock，1986；Barry et al.，1990；Carter and Manaster，1990）。处于未成熟发展阶段的企业面临

---

① Future Venture Capital 主页披露的信息中也将其界定为独立系风险投资。

严重的信息不对称。基于此，我们推测，由于 IVC 将企业在未成熟阶段推动上市，严重的信息不对称将导致企业承担较高的 IPO 抑价。另外，若市场认为 IVC 将企业在早期阶段上市是由于其卓越地提供增值服务的能力，即便 IVC 支持的企业在上市时呈现规模小、年龄低特征，也不会导致 IPO 定价过低。IPO 抑价率用 IPO 首日收盘价与发行价格的差与发行价格的比值表示。大量研究发现，企业在上市后普遍存在长期经营业绩低迷的现象（Jain and Kini，1994，1995；Cai and Wei，1997；Mikkelson et al.，1997；Kutsuna et al.，2002；Chan et al.，2004）。我们利用行业调整 ROA（IPO 企业的 ROA 与行业 ROA 中位数的差值，其中，ROA 为净利润与总资产的比值）来衡量企业的经营业绩，考察过早地上市是否会导致 IVC 支持的企业在 IPO 后经营业绩不佳。特别地，为比较企业在 IPO 前后的经营业绩变化，我们分别采用 IPO 后第 1 年、第 2 年、第 3 年的行业调整 ROA 相对于 IPO 前 1 年的增长率（分别为 $CH\_AD\_ROA_1$、$CH\_AD\_ROA_2$、$CH\_AD\_ROA_3$）作为衡量指标。

已有研究显示，企业 IPO 后还存在长期市场业绩持续弱势的现象（Ritter，1991；Loughran and Ritter，1995；Brav and Gompers，1997；Carter et al.，1998；Hamao et al.，2000；Yi，2001；Wang et al.，2002；Tykvova and Walz，2007；Johan，2010）。为了进一步地检验研究假设 H3，我们分别采用购买并持有 IPO 企业股票 12 个月、24 个月以及 36 个月的超额收益（BHR_{12}、BHR_{24}、BHR_{36}）来度量长期市场业绩表现。为了更客观地刻画 IPO 企业的长期市场表现，参考 Ritter（1991）研究方法，在计算购买并持有超额收益时我们用

配对企业同时段的购买并持有超额收益进行调整（AD_BHR）。其中，配对企业是同行业中与 IPO 企业市值最接近的非 IPO 企业（1995 年及之前上市的企业）。配对企业的市值计算方法如下：在为 1998～2000 年上市的 IPO 企业匹配企业时，非 IPO 企业的市值为截至 1997 年 12 月的企业市场价值。以此类推，在为 2001～2002（2004～2006）年上市的 IPO 企业寻找匹配企业时，非 IPO 企业的市值为截至 2000（2003）年 12 月的企业市场价值。

为控制其他因素可能产生的影响，我们参考已有文献加入了如下控制变量：风险投资持股比例越高，越有动机向受资企业提供监控和咨询服务。因此，我们选取风险投资的持股比例（VCShare）来检验持股比例是否有助于缩短受资企业的上市时间。Sahlman（1990）指出，IPO 发行规模越大，信息不对称程度越低。实证研究的结果支持了这一观点，IPO 发行规模与首日抑价率呈显著负相关（Carter et al.，1998；Ljungqvist，1999；Wang et al.，2002；Kutsuna and Smith，2004；Kirkulak and Davis，2005；Tykvova and Walz，2007）。发行规模（lnOffersize）用发行价格与发行数量乘积的自然对数表示。此外，高成长性企业具有较高的不确定性。因此，成长率高的企业，其首日抑价程度也相对较高（Chen et al.，2004；Engelen and Essen，2010）。借鉴已有文献，我们采用市盈率（P/E，为 IPO 发行价与 IPO 前一年的每股收益的比值）来度量企业的成长性。

Ritter（1986）研究发现，当企业在 IPO 时市场处于"热市场"时，企业的首日抑价水平严重偏高。Kaneko 和 Pettway（2003）、Kirkulak 和 Davis（2005）为这一观点提供了实证支持，在 1999 年的信息技术繁荣期，日本 IPO 企业的首日抑价率显著地高于其他年份。近年的研究指出，2005 年日本的 IPO 抑价水平高于 1999 年。基于此，我们构建了市场行情的虚拟变量（D_Hot），当企业在 1999 年或 2005 年上市时取值为 1，否则为 0。进一步地，我们控制了行业可能产生的影响。[①] 已有文献指出，高科技产业面临更高的信息不对称，进而表现为较高的 IPO 抑价率。我们引入高科技行业虚拟变量，当 IPO 企业为通信、电气和服务行业时取值为 1（Kirkulak and Davis，2005）。此外，我们还加入非高科技制造业、非高科技服务业的行业虚拟变量。

3.4 实证结果与分析

3.4.1 描述性统计

表 3.2 列示了全样本（FULL）、FVC 支持的企业、IVC 支持的企业以及没有风险投资支持的企业（NVC）的 IPO 基本特征变量。由表 3.2 可见，IVC 支持的企业在 IPO 时点的年龄均值（中位数）为 13.74（9.04），显著地低于 FVC 支持的 IPO 企业（均值和中位数分别为 21.96 和 19.07）。相似地，IVC 支持的企业在 IPO 时的企业规

---

① Kirkulak 和 Davis（2005）仅加入了高科技行业的虚拟变量。参考 Kirkulak 和 Davis（2005），我们将替换行业变量后得到了一致的结论。此外，当我们仅将通信和电器行业界定为高科技行业时，研究结论没有发生变化。

模（资产账面价值）的平均值（中位数）约为 7176 万日元（42.95 亿日元），显著地小于 FVC 支持的 IPO 企业。上述结果支持了研究假设 H1，IVC 急于将企业在未成熟阶段上市。Panel A 还显示，IVC 的年龄显著地低于 FVC。因此，控制风险投资年龄可能产生的影响对于得到精确的研究结论具有重要意义。

表 3.2　不同背景风险投资支持的企业 IPO 基本特征比较

Panel A：非虚拟变量

Variable	Sample	N	Mean	T-statistics	Median	Z-statistics
MV （million JPY）	FULL	740	25990.84	0.783	10100.75	0.007
	Non-VC	242	30730.42		11543.75	
	IVC	63	15958.91		9075	
	FVC	435	24807.01		9425.998	
FirmAge	FULL	740	20.336	4.200***	17.065	4.761***
	Non-VC	242	19.134		16.05	
	IVC	63	13.740		9.04	
	FVC	435	21.960		19.07	
FirmAsset （million JPY）	FULL	715	13416.91	1.964*	6509	2.903***
	Non-VC	233	17630.75		7269	
	IVC	61	7175.672		4295	
	FVC	421	11989.09		6509	
VCAge	FULL	496	19.128	7.026***	19.221	5.909***
	Non-VC	—	—		—	
	IVC	62	12.581		8.673	
	FVC	434	20.063		19.679	

续表

Panel B：虚拟变量

Variable	Sample	N	Number of observations that take on the value one	Percent	Z-statistics
D_Rank	FULL	740	457	0.618	
	Non-VC	242	156	0.645	-2.641***
	IVC	63	28	0.444	
	FVC	435	273	0.628	
D_Market	FULL	740	515	0.696	
	Non-VC	242	169	0.698	-3.885***
	IVC	63	30	0.476	
	FVC	435	316	0.726	
D_Market (after the establishment of Mothers)	FULL	643	418	0.650	
	Non-VC	219	146	0.667	-3.193***
	IVC	60	27	0.450	
	FVC	364	245	0.673	

注：***、**、*分别表示在1%、5%和10%的水平下显著。

由表3.2的Panel B可见，在FVC支持的IPO企业中，63%的企业由高声誉的证券公司担任承销商。而在IVC支持的IPO企业中，仅有44%的企业选择高声誉的承销商，显著地低于FVC支持的企业。此外，FVC支持的企业中，约73%的企业选择在JASDAQ上市。相比之下，IVC支持的企业中，这一比例仅为48%。为了控制证券交易所设立时间不同可能产生的影响从而更精确地考察IPO企业的上市市场选择差异，我们以1999年11月（MOTHERS开通）后上市的企业为研究对象进行了追加分析，取得了一致的结果；IVC支持的企业中，选择MOTHERS或HERCULES上市的比例显著高于FVC支持的企业。以上研究结果支持了研究假设 2。

表 3.3 中的 Panel A 列示了全样本以及不同背景风险投资支持的企业的 IPO 抑价率和 IPO 后长期业绩表现。Panel A 的结果显示，FVC 支持的 IPO 企业与 IVC 支持的 IPO 企业在首日抑价率上不存在显著差异。关于长期业绩表现，仅在企业 IPO 后的第一年，FVC 支持的企业的经营业绩（Ch_AD_ROA$_1$）高于 IVC 支持的企业（均值分别为-1.5% 和-4.5%），并在 10% 的水平下显著。然而，我们并没有发现两者在其他年份的长期经营业绩和长期市场业绩上存在显著差异。

表 3.3　IPO 抑价率与 IPO 后长期业绩表现

Variable	Sample	N	Mean	T−statistics	Median	Z−statistics
Panel A：全样本						
Underpricing	FULL	740	0.705	−1.201	0.343	−1.033
	Non−VC	242	0.712		0.315	
	IVC	63	0.852		0.481	
	FVC	435	0.679		0.321	
CH_AD_ROA$_1$	FULL	704	−0.178	1.703 *	0.005	0.990
	Non−VC	231	−0.015		0.006	
	IVC	59	−0.045		−0.001	
	FVC	414	−0.015		0.005	
CH_AD_ROA$_2$	FULL	682	−0.020	0.383	0.008	−0.087
	Non−VC	222	−0.013		0.008	
	IVC	56	−0.031		0.007	
	FVC	404	−0.022		0.007	
CH_AD_ROA$_3$	FULL	604	−0.011	−0.340	0.012	−0.640
	Non−VC	190	−0.014		0.007	
	IVC	50	−0.004		0.021	
	FVC	364	−0.011		0.013	

续表

Variable	Sample	N	Mean	T-statistics	Median	Z-statistics
AD_BHR_{12}	FULL	705	0.065	0.476	−0.229	0.028
	Non-VC	229	−0.043		−0.180	
	IVC	58	0.015		−0.240	
	FVC	418	0.131		−0.245	
AD_BHR_{24}	FULL	705	0.002	0.393	−0.313	−0.110
	Non-VC	229	0.039		−0.313	
	IVC	58	−0.099		−0.324	
	FVC	416	−0.004		−0.313	
AD_BHR_{36}	FULL	705	−0.124	−0.579	−0.282	0.281
	Non-VC	229	−0.044		−0.280	
	IVC	58	−0.029		−0.359	
	FVC	418	−0.181		−0.277	

Panel B：Young and old IPOs

Variable	Sample	N	Mean	T-statistics	Median	Z-statistics
Underpricing	Young	370	0.945	6.143***	0.547	5.932***
	Old	370	0.464		0.168	
$CH\_AD\_ROA_1$	Young	361	−0.045	−6.013***	−0.020	−6.745***
	Old	345	0.011		0.020	
$CH\_AD\_ROA_2$	Young	347	−0.050	−5.377***	−0.015	−5.716***
	Old	335	0.011		0.020	
$CH\_AD\_ROA_3$	Young	299	−0.031	−3.440***	−0.008	−3.816***
	Old	305	0.008		0.020	
AD_BHR_{12}	Young	346	0.007	−0.970	−0.364	−5.306***
	Old	359	0.120		−0.126	
AD_BHR_{24}	Young	346	−0.086	−1.329	−0.436	−4.919***
	Old	359	0.088		−0.145	
AD_BHR_{36}	Young	346	−0.167	−0.530	−0.398	−3.958***
	Old	359	−0.082		−0.181	

Panel C：Large and small firms

Variable	Sample	N	Mean	T-statistics	Median	Z-statistics
Underpricing	Small	357	0.934	5.617***	0.578	6.442***
	Large	358	0.485		0.189	

续表

Variable	Sample	N	Mean	T-statistics	Median	Z-statistics
$CH\_AD\_ROA_1$	Small	352	−0.035	−3.792***	−0.016	−4.236***
	Large	352	−0.001		0.015	
$CH\_AD\_ROA_2$	Small	337	−0.046	−4.555***	−0.012	−4.553***
	Large	345	0.005		0.020	
$CH\_AD\_ROA_3$	Small	294	−0.033	−3.705***	−0.008	−3.700***
	Large	310	0.009		0.021	
AD_BHR_{12}	Small	335	−0.071	−2.254**	−0.335	−5.021***
	Large	346	0.199		−0.116	
AD_BHR_{24}	Small	335	−0.129	−2.036**	−0.456	−4.476***
	Large	346	0.144		−0.169	
AD_BHR_{36}	Small	335	−0.350	−2.730***	−0.390	−3.910***
	Large	346	0.097		−0.185	

注：***、**、*分别表示在1%、5%和10%的水平下显著。

单变量统计分析的结果显示，IVC 倾向于推动受资企业在未成熟阶段上市。为了明确 IVC 的行为动机以及企业成熟度代理变量的合理性，我们需要进一步地考察规模小、年龄低的 IPO 企业是否表现为 IPO 抑价高、长期业绩低迷（研究假设 H3）。基于此，我们根据 IPO 时点的企业年龄（规模）将样本企业平均分为 Young 和 Old（Small 和 Large）两组。表 3.3 中的 Panel B 列示了分析结果。与 Ritter（1991）的研究结果一致，IPO 时点成立时间较短的 IPO 企业的首日抑价程度显著地高于成立时间较长的企业，长期业绩表现也相对较差。类似地，表 3.3 中的 Panel C 显示，大企业的 IPO 抑价率显著低于小企业，IPO 后的长期业绩表现明显地优于小企业。以上结果支持了现有研究结论，IPO 长期业绩低迷问题在小企业、年轻企业中更为突出（Ritter，1991；Brav and Gompers，1997；Johan，2010）。

先前的分析结果显示，IVC 支持的企业显著地表现为偏好声誉低的承销商，并在上市条件宽松的证券交易所上市。未列示的分析结果表明，由声誉高的证券公司承销的 IPO 企业，其首日抑价程度显著地低于声誉低的证券公司所承销的企业。在长期业绩表现方面，无论是长期经营业绩还是长期市场业绩，声誉高的证券公司承销的 IPO 企业都明显地优于声誉低的证券公司所承销的企业。上述研究结果为已有研究提供了新的证据支持（Carter and Manaster，1990；Carter et al.，1998；Paudyal et al.，1998；Jain and Kini，1999；Bhabra and Pettway，2003）。此外，我们还考察了在不同证券交易所上市的企业在 IPO 短期和长期业绩方面的差异（未列示）。研究结果表明，在 JASDAQ 上市的企业的 IPO 抑价率显著低于在 MOTHERS 或 HERCULES 上市的企业。同时，在 JASDAQ 上市的企业的长期经营业绩和长期市场业绩均优于在 MOTHERS 或 HERCULES 上市的企业。我们得到了与既有研究一致的结论（Hwang and Jayaraman，1993；Corwin and Harris，2001；Locke and Gupta，2008；Johan，2010）。

上述研究结果支持我们的研究假设：IVC 支持的 IPO 企业所呈现的特征（年龄低、规模小、选择低声誉的承销商以及上市条件宽松的证券交易所）会导致 IPO 抑价程度提高、IPO 后长期业绩低下。

3.4.2　企业年龄、企业规模的回归分析

采用 OLS 回归考察 IVC 是否具有将受资企业在未成熟阶段上市的倾向，因变量为企业成熟度的代理变量，采用 IPO 时点的企业年

龄 lnFirmAge（企业年龄的自然对数）和企业规模（企业规模的自然对数）。主要的自变量为 IVC 的虚拟变量（D_IVC）。控制变量包括没有风险投资支持的虚拟变量（D_Non-VC），VCShare、lnOffersize、ROA 以及行业虚拟变量。表 3.4 是相关变量的描述性统计结果。获得风险投资支持的企业中，风险投资的持股比例均值约为 9%（中位数约为 5%）。风险投资机构中约有 27% 的风险投资机构为上市企业。表 3.5 是各主要变量之间的相关关系。由于 lnFirmAsset 和 lnOffersize 高度相关（相关系数为 0.55），在以 lnFirmAsset 为因变量的回归分析中，我们删除了 lnOffersize。

表 3.4 描述性统计

Panel A：非虚拟变量

Variable	Mean	Standard deviation	Minimum	Median	Maximum	N
VCShare	8.938	9.388	0.05	5.325	67.42	498
Offersize	2740.405	8701.871	65	1080	142400	713
ROA	0.114	0.080	−0.301	0.105	0.397	713
Leverage	0.487	0.219	0.005	0.492	0.917	713
P/E	9.298	987.163	−161.962	15.750	4056.584	713

Panel B：虚拟变量

Variable	N	Number of observations that take on value of one	Percent
D_List	498	133	0.267
D_Hot	713	146	0.205

表 3.5 主要变量的相关系数

	D_IVC	D_Non-VC	lnFirmAge	lnFirmAsset	D_Rank	D_Market	VCShare	lnOffersize	D_Hot	P/E	ROA	Leverage
D_IVC	1.000											
D_Non-VC	-0.211	1.000										
lnFirmAge	-0.150	-0.065	1.000									
lnFirmAsset	-0.125	0.084	0.349	1.000								
D_Rank	-0.106	0.047	0.111	0.287	1.000							
D_Market	-0.128	0.006	0.438	0.385	0.179	1.000						
VCShare	0.231	-0.480	-0.142	-0.242	-0.102	-0.227	1.000					
lnOffersize	-0.079	0.148	-0.066	0.546	0.226	-0.073	-0.075	1.000				
D_Hot	-0.079	0.032	0.074	0.075	0.061	0.086	-0.107	0.023	1.000			
P/E	0.042	0.026	0.032	-0.041	-0.041	0.023	0.008	-0.068	-0.076	1.000		
ROA	-0.043	0.072	-0.075	-0.197	-0.054	0.060	-0.099	0.062	0.021	0.030	1.000	
Leverage	-0.007	0.015	0.288	0.443	0.027	0.343	-0.120	-0.200	-0.009	0.054	-0.279	1.000

企业成熟度的回归结果如表 3.6 所示。Model（1）的因变量为 lnFirmAge，主要的自变量 D_IVC 的估计系数显著为负，表明 IVC 支持的企业在 IPO 时点的年龄显著地低于 FVC 支持的企业。D_Non-VC 的估计系数也显著为负，然而其绝对值小于 D_IVC 估计系数的绝对值。以上结果表明，FVC 支持的企业从设立到上市经历的时间最长，依次是没有风险投资支持的企业和 IVC 支持的企业。Model（2）是以 lnFirmAsset 为因变量的回归结果。相似地，Model（2）的结果显示，IVC 支持的企业在 IPO 时点的规模显著地小于 FVC 支持的企业。

如前所述，在研究假设 H1 验证过程中，为了得到精确的结论，我们需要控制风险投资声望可能产生的影响。基于此，我们在 Model（3）和 Model（4）中加入 lnVCAge 和 D_List 以控制风险投资声望可能产生的影响。Model（3）和 Model（4）的样本企业仅包括获得风险投资支持的 IPO 企业。此外，由于部分风险投资机构年龄数据缺失，最终样本为获得风险投资支持的 478 家 IPO 企业。在控制 lnVCAge 和 D_List 的情况下，D_IVC 的估计系数依然显著为负。Hibara 和 Mathew（2004）发现，风险投资的年龄与受资企业在 IPO 时点的年龄显著正相关。然而，表 3.6 中 lnVCAge 的估计系数虽然为正，却没有通过统计显著性检验。我们将 D_IVC 移出解释变量后，lnVCAge 与 lnFirmAge 之间呈显著的正相关关系（未列示）。我们推测，表 3.6 中 lnVCAge 的估计系数没有通过统计显著性检验可能是由于 lnVCAge 与 D_IVC 高度相关。综上，表 3.6 的结果为 IVC 具有将受资企业在未成熟阶段推动上市的倾向这一研究假设（H1）提供了有力的证据支持。VCShare 的估计系数显著为正，支持了 Barry 等

（1990）的观点。Model（2）和 Model（4）中，ROA 的估计系数显著为负，表明盈利能力强的企业即便处于早期发展阶段也倾向选择上市。

表 3.6　企业成熟度的回归分析

	Model（1）	Model（2）	Model（3）	Model（4）
Sample	Entire sample	Entire sample	VC-backed	VC-backed
Dependent variable	lnFirmAge	lnFirmAsset	lnFirmAge	lnFirmAsset
D_IVC	−0.404 ***	−0.318 **	−0.360 ***	−0.340 **
	（−3.66）	（−2.46）	（−2.82）	（−2.54）
D_Non-VC	−0.280 ***	−0.068		
	（−3.83）	（−0.75）		
lnVCAge			0.070	0.012
			（0.95）	（0.15）
D_List			−0.070	−0.039
			（−0.75）	（−0.40）
VCShare	−0.016 ***	−0.025 ***	−0.015 ***	−0.023 ***
	（−4.25）	（−5.26）	（−3.79）	（−4.78）
lnOffersize	−0.041		−0.050	
	（−1.41）		（−1.23）	
ROA	−0.572	−2.334 ***	−0.175	−1.365 **
	（−1.12）	（−4.03）	（−0.28）	（−2.05）
Constant	3.761 ***	9.517 ***	3.565 ***	9.380 ***
	（17.03）	（84.80）	（10.40）	（34.96）
Industry Dummy	Yes			
R^2	0.1664	0.1964	0.2016	0.2131
N	713	713	478	478

注：*** 、** 、* 分别表示在 1%、5% 和 10% 的水平下显著。

Hamao 等（2002）指出，不同于 BVC，SFVC 的投资更有可能导致利益冲突。特别是在日本，银行倾向于在企业 IPO 后增持企业股份以保持长期、紧密的银企关系。基于此，我们认为 BVC 和 SFVC

可能在行为上存在差异。为了验证这一想法，在 Model（1）和 Model（2）的基础上，加入 SFVC 的虚拟变量（未报告）进行追加分析。分析结果显示，BVC 支持的企业在 IPO 时点的年龄最大，此后依次是 SFVC 支持的企业、无风险投资支持的企业以及 IVC 支持的企业。在企业规模的回归结果中，虽然没有结果显示 BVC 支持的企业与 SFVC 支持的企业在企业规模上存在显著差异，但上述结果在一定程度上说明，BVC 支持的 IPO 企业与 IVC 支持的 IPO 企业在成熟度（年龄）方面的差异最大。

3.4.3　承销商、证券交易所的回归分析

研究假设 H2 认为，IVC 支持的企业由于在未成熟阶段仓促上市，面临着高度的信息不对称，因而选择低声誉的证券公司担任承销商。我们采用 Logit 模型检验这一研究假设，实证分析结果如表 3.7 所示。因变量为承销商声誉的虚拟变量（D_Rank）。Model（1）和 Model（2）中主要的自变量为 IVC 的虚拟变量（D_IVC）和无风险投资的虚拟变量（D_Non-VC）。考虑到企业成熟度可能与 D_IVC 高度相关，我们未加入企业成熟的代理变量（lnFirmAge 和 lnFirmAsset）。由表 3.7 可见，在 Model（1）和 Model（2）的分析结果中，D_IVC 的估计系数显著为负，说明 IVC 支持的企业比 FVC 支持的企业更多地利用低声誉的承销商。Model（3）~ Model（6）列示了用企业成熟度替换 D_IVC 后的分析结果。鉴于 lnFirmAge 和 lnFirmAsset 是受 IVC 影响的内生变量，我们采用工具变量回归法，使用表 3.6 中的模型估计企业成熟度的预测值。由于 ln_FirmAge 和

ln_FirmAsset 高度相关，我们逐一对其进行分析。Model（4）～Model（6）的结果显示，IPO 时点成立时间长、规模大的企业会更多地选择高声誉的证券公司担任承销商。在控制风险投资特征的影响后，研究结果依然稳健（Model（5）和 Model（6））。以上研究结果表明，与 FVC 支持的企业相比，IVC 支持的企业由于在不成熟阶段仓促上市而倾向于选择低信誉的承销商。研究假设 H2 得到了支持。此外，作为追加检验，我们在 Model（3）～Model（6）中加入 D_IVC 和 D_Non-VC。结果显示，D_IVC 的估计系数为负，并有三个模型通过了至少在 10% 置信水平条件下的统计显著性检验（未报告）。在控制企业规模和年龄的影响后，IVC 支持的企业仍表现出偏好低声誉承销商的倾向。

表 3.7　承销商的回归分析

	Model（1）	Model（2）	Model（3）	Model（4）	Model（5）	Model（6）
Sample	Entire	VC-backed	Entire	Entire	VC-backed	VC-backed
Estimation	Logit	Logit	IV Logit	IV Logit	IV Logit	IV Logit
D_IVC	-0.712**	-1.265***				
	(-2.52)	(-3.68)				
D_Non-VC	0.136					
	(0.79)					
lnVCAge		-0.568***			-0.500**	-0.416**
		(-2.67)			(-2.44)	(-2.18)
D_List		0.665**			0.776***	0.851***
		(2.50)			(2.76)	(3.09)
lnFirmAge			0.568		1.646***	
			(1.34)		(2.95)	
lnFirmAsset				1.082***		1.723***
				(3.16)		(3.77)

续表

	Model（1）	Model（2）	Model（3）	Model（4）	Model（5）	Model（6）
Sample	Entire	VC-backed	Entire	Entire	VC-backed	VC-backed
Estimation	Logit	Logit	IV Logit	IV Logit	IV Logit	IV Logit
ROA	-1.473	-1.568	-1.040	0.774	-1.431	0.319
	（-1.47）	（-1.28）	（-1.03）	（0.65）	（-1.15）	（0.24）
Leverage	0.048	-0.072	0.020	-0.057	-0.260	-0.322
	（0.12）	（-0.13）	（0.05）	（-0.14）	（-0.48）	（-0.59）
Constant	0.794 ***	2.514 ***	-1.056	-9.222 ***	-3.058 *	-13.748 ***
	（2.58）	（3.72）	（-0.76）	（-2.91）	（-1.88）	（-3.38）
Industry Dummy	Yes					
Pseudo R^2	0.0123	0.0356	0.0054	0.0155	0.0271	0.0395
N	713	478	713	713	478	478

注：***、**、*分别表示在1%、5%和10%的水平下显著。

对于上述分析结果的另一种解释是，FVC 的社会网络优势使受资企业有更多的机会接触声誉高的承销商。然而，Model（1）中 D_Non-VC 的估计系数并不显著，表明在 FVC 支持的企业与无风险投资背景的企业在高声誉承销商的选择方面不存在显著差异。Kutsuna 等（2007）以日本市场为对象的研究显示，IPO 企业倾向于选择具有共同主银行的承销商来担任主承销商。由此，我们预测 BVC 支持的 IPO 企业更多地选择高声誉的承销商。我们采用 Logit 回归分析对 BVC 和 SFVC 的行为进行辨析。未列示的分析结果显示，SFVC 比 BVC 更倾向于选择高声誉的证券公司担任承销商，而 BVC 则是比 IVC 更偏好声誉良好的承销商。上述结果支持了 Hamao 等（2000）和 Kutsuna 等（2007）观点，SFVC 支持的企业更有可能由其母公司承销。然而，没有结果显示 SFVC（BVC）支持的企业与没有获得风险投资支持的企业在高声誉承销商的选择概率上存在显著性差异。

　　研究假设 H2 还提出，IVC 支持的企业倾向于选择上市条件宽松的 MOTHERS 或 HERCULES 证券交易所上市。我们采用 Logit 模型对这一假说进行检验，因变量是证券交易所的虚拟变量（D_Market）。由于 MOTHERS 设立于 1999 年 11 月，为了结论的精确性，我们仅选取 1999 年 11 月后上市的企业作为样本，样本数量因此减少至 624 家。同样地，我们利用 D_IVC 和 D_Non-VC 作为主要的自变量以考察 FVC 支持的 IPO 企业与其他企业在选择 JASDAQ 作为上市证券交易所概率上的差异。回归分析的结果如表 3.8 所示。同样地，在 Model（1）和 Model（2）中，lnFirmAge 和 lnFirmAsset 被从自变量中移出。此时，D_IVC 的估计系数显著为负，表明 IVC 支持的企业更倾向于在 MOTHERS 或 HERCULES 上市。Model（3）～ Model（6）的主要自变量为 lnFirmAge 和 lnFirmSize。考虑到 lnFirmAge 和 lnFirmSize 是内生变量，我们同样采取了工具变量回归法。ln_FirmAge 和 ln_FirmAsset 预测值的估计系数显著为正，表明 IVC 支持的企业由于过早地上市，因而选择在上市条件更为宽松的证券交易所（MOTHERS 或 HERCULES）上市。Model（5）和 Model（6）进一步地控制了风险投资机构特征可能产生的影响，得到了一致的结果。在未列示的分析中，我们在 Model（3）～ Model（6）中加入 D_IVC 和 D_Non-VC，D_IVC 的估计系数不显著。表明 IVC 支持的企业由于在未成熟阶段仓促上市，因而倾向于选择条件宽松的证券交易所上市。上述研究结果支持了研究假设 H2。

　　关于其他自变量，D_Non-VC 的估计系数不显著；没有获得风险投资支持的 IPO 企业与 FVC 支持的 IPO 企业在选择 JASDAQ 作为上市交易所的概率上不存在显著性差异。风险投资的年龄与上市证券交易所之间不存在显著性关系。令我们意外的是，Model（2）显示上市的风险投资机构支持的企业倾向于选择在 MOTHERS 或 HERCULES 上市。然而，当我们在自变量中引入 lnFirmAge 和 lnFirmAsset 后（Model（5）和 Model（6）），风险投资机构是否上市的虚拟变量的估计系数丧失显著性。在所有模型中，ROA 的估计系数显著为正。与 Sherman Cheung 和 Lee（1995）、Corwin 和 Harris（2001）以及 Johan（2010）的结论一致，盈利能力强的企业倾向于选择在条件苛刻的证券交易所（JASDAQ）上市。此外，高杠杆公司倾向于选择在上市条件严格的证券交易所上市。

表 3.8　证券交易所的回归分析

	Model（1）	Model（2）	Model（3）	Model（4）	Model（5）	Model（6）
Sample	Entire	VC-backed	Entire	Entire	VC-backed	VC-backed
Estimation	Logit	Logit	IV Logit	IV Logit	IV Logit	IV Logit
D_IVC	-0.796 *** （-2.58）	-0.610 * （-1.71）				
D_Non-VC	-0.034 （-0.16）					
lnVCAge		-0.005 （-0.02）			-0.231 （-1.01）	-0.028 （-0.13）
D_List		-0.650 ** （-2.25）			-0.185 （-0.58）	-0.286 （-0.93）
lnFirmAge			2.158 *** （4.43）		2.420 *** （3.84）	
lnFirmAsset				1.624 *** （4.31）		1.787 *** （3.56）
ROA	4.817 *** （4.02）	6.130 *** （3.87）	5.927 *** （4.80）	8.244 *** （5.60）	6.507 *** （4.05）	8.432 *** （4.83）

续表

	Model（1）	Model（2）	Model（3）	Model（4）	Model（5）	Model（6）
Sample	Entire	VC-backed	Entire	Entire	VC-backed	VC-backed
Estimation	Logit	Logit	IV Logit	IV Logit	IV Logit	IV Logit
Leverage	4.085***	4.762***	3.943***	3.990***	4.611***	4.607***
	(7.83)	(6.94)	(7.39)	(7.47)	(6.50)	(6.52)
Constant	−0.606*	−0.523	−7.605***	−15.688***	−7.740***	−16.867***
	(−1.69)	(−0.70)	(−4.73)	(−4.49)	(−4.08)	(−3.72)
Industry Dummy	Yes					
Pseudo R²	0.1683	0.2170	0.1835	0.1844	0.2399	0.2380
N	624	408	624	624	408	408

注：***、**、*分别表示在1%、5%和10%的水平下显著。

我们进一步地考察了 SFVC 和 BVC 支持的企业在上市证券交易所选择上的差异。未报告的结果表明，相较于 IVC 支持的企业，BVC 支持的企业倾向于在 JASDAQ 上市。此外，BVC 支持的企业比无风险投资支持的企业更多地选择在 JASDAQ 上市。结合企业规模和企业年龄的回归结果，以上结果表明，BVC 支持的企业在 IPO 时点相对更加成熟，满足 JASDAQ 的上市要求。

在追加分析中，我们分别在表 3.7 和表 3.8 的回归模型中加入 D_Market 和 D_Rank。使用原始虚拟变量的分析结果显示，D_Market 与 D_Rank 之间存在显著的正相关关系。然而，当我们将上述变量作为内生变量（利用表 3.8 和表 3.7 估计得到的逆米尔斯比率）分析时，两者之间不存在相关关系。值得注意的是，研究结果显示，企业年龄和企业规模对承销商以及上市市场的选择具有显著影响。

3.4.4 IPO 抑价的回归分析

研究假设 H3 提出，IVC 将受资企业在未成熟阶段仓促上市是需要负担成本的。Gompers（1996）、Wang 等（2003）以及 Hibara 和 Mathew（2004）研究发现，新兴风险投资的逐名行为导致企业在 IPO 时面临较高的抑价。为验证这一假设，我们进行了 IPO 抑价的回归分析。借鉴已有研究，我们采用 P/E、lnOffersize 以及 D_Hot 作为控制变量（Megginson and Weiss，1991；Ljungqvist，1999；Wang et al.，2002；Kaneko and Pettway，2003；Chen et al.，2004；Kirkulak and Davis，2005；Engelen and Essen，2010）。为了消除 P/E 数据中极端值的影响（见表 3.4），我们对其做了 5% 和 95% 水平的缩尾处理。

回归分析结果如表 3.9 所示。由 Model（1）和 Model（2）可见，D_IVC 的估计系数为正并在 10% 的水平下显著，表明 IVC 支持的 IPO 企业面临更高的首日抑价。在先前的分析中我们发现，IVC 的投资与 IPO 时点的企业规模和企业年龄之间呈显著的负相关关系，而企业年龄和企业规模在已有文献中被证实会影响 IPO 抑价（Megginson and Weiss，1991；Ritter，1991；Carter et al.，1998；Chan et al.，2004；Kirkulak and Davis，2005；Tykvova and Walz，2007；Engelen and Essen，2010；Johan，2010）。基于此，我们将 lnFirmAge 和 lnFirmAsset 视为内生变量，进行了 IPO 抑价的工具变量回归（D_IVC 被移出自变量）。Model（3）~ Model（6）的分析结果表明，IPO 时点的企业年龄和企业规模与 IPO 抑价率显著负相关，而 IPO 时点的企业年龄和企业规模会受到 IVC 投资的影响。上述结果证实了由于 IVC 使处于未成熟阶段的受资企业过早地上市，因而承担较高的 IPO 抑价（研究假设 H3）。在未列示的分析中，我们将 D_IVC（和 D_Non-VC）引入 Model（3）~ Model（6）。D_IVC 的估计

表 3.9 IPO 抑价的回归分析

	Model（1）	Model（2）	Model（3）	Model（4）	Model（5）	Model（6）
Sample	Entire	VC-backed	Entire	Entire	VC-backed	VC-backed
Estimation	OLS	OLS	IV	IV	IV	IV
D_IVC	0.315*	0.358*				
	(1.95)	(1.84)				
D_Non-VC	0.093					
	(1.16)					
lnVCAge		0.074			0.078	0.033
		(0.68)			(0.74)	(0.36)
D_List		0.041			−0.021	0.004
		(0.40)			(−0.18)	(0.03)
lnFirmAge			−0.591***		−0.590**	
			(−2.87)		(−2.16)	
lnFirmAsset				−0.368***		−0.476***
				(−2.62)		(−2.65)
lnOffersize	−0.218***	−0.173***	−0.243***	−0.217***	−0.199***	−0.178***
	(−6.36)	(−3.71)	(−6.95)	(−6.60)	(−4.12)	(−3.76)
P/E	0.011***	0.009***	0.010***	0.010***	0.009***	0.009***
	(5.20)	(4.36)	(4.98)	(5.09)	(4.07)	(4.11)
D_Hot	0.735***	0.723***	0.750***	0.748***	0.739***	0.745***
	(6.90)	(5.89)	(7.02)	(7.01)	(6.04)	(6.09)
Constant	1.662***	1.106**	3.784***	5.035***	3.237***	5.604***
	(7.23)	(2.57)	(4.80)	(3.90)	(3.57)	(3.45)
Industry Dummy	Yes					
R^2	0.2231	0.2131	0.2264	0.2255	0.2128	0.2162
N	641	421	641	641	421	421

注：***、**、*分别表示在1%、5%和10%的水平下显著。

系数失去了显著性，而 lnFirmAsset 的估计系数依然显著为负。lnFirmAge 失去显著性可能是由于与 D_IVC 高度相关。D_IVC 的估计系数失去显著性说明，IVC 的投资仅通过对企业年龄和企业规模的影响而作用于 IPO 抑价。此外，这一研究结果还否定了 IVC 通过有效地发挥监督和认证功能而能够使企业在早期阶段上市的观点。

为了控制承销商声誉以及上市条件对 IPO 抑价可能产生的影响，在未列示的分析中，我们将 D_Rank 和 D_Market 引入 Model（3）~ Model（6）。结果显示，在 JASDAQ 上市的 IPO 企业的首日抑价程度显著地低于其他证券交易所上市的 IPO 企业。结合表 3.8 的研究结果，这一结果表明，IVC 支持的企业倾向于在上市条件相对宽松的证券交易所上市，因而导致其需要以承担较高的 IPO 抑价作为代价。上述结果为研究假设 H3 提供了有力的证据支持。我们没有发现风险投资特征显著影响 IPO 抑价的证据。

关于控制变量，lnOffersize 的估计系数在大多模型中显著为负，支持了大规模的 IPO 能够缓解信息不对称的观点（Sahlman，1990；Carter et al.，1998；Ljungqvist，1999；Hamao et al.，2000；Wang et al.，2002；Kirkulak and Davis，2005；Tykvova and Walz，2007）。P/E 的估计系数显著为正，表明成长性企业具有较高的不确定性，因而 IPO 抑价程度相对较高（Chen et al.，2004；Engelen and Essen，2010）。D_Hot 的估计系数在全部模型中均显著为正，与 Ritter（1984）、Wang 等（2002）、Kirkulak 和 Davis（2005）取得了一致的结果。

Hamao 等（2000）以 1989~1995 年上市的日本企业为样本的研究显示，当领投风险投资的母公司担任主承销商时，SFVC 支持的 IPO 企业的首日抑价率显著地高于其他企业。不同于我们的研究，Hamao 等（2002）表明，SFVC 的投资可能导致利益冲突。导致研究结论产生差异的原因可能是由于在 Hamao 等（2002）的样本期间后，日本开通了新的证券交易所，进而给予了 IVC 将未成熟企业推动上市的便利（在此期间，IVC 的数量也迅速增加）。事实上，随着 MOTHERS 和 HERCULES 的开通，日本 IPO 企业的数量呈明显增多趋势（Kaneko and Pettway，2003；Kirkulak and Davis，2005；Arikawa and Imad'Eddine，2010）。

3.4.5　IPO 后长期业绩表现的回归分析

我们考察 IVC 推动受资企业在未成熟阶段仓促上市是否会承担成本，表现为 IPO 后的长期表现不佳（研究假设 H3）。IPO 后长期经营业绩（Ch_ AD_ROAt）的回归结果如表 3.10 所示。与先前分析采取同样方法，Model（1）和 Model（2）利用风险投资背景的虚拟变量（D_IVC 和 D_Non−VC）作为主要的自变量，而在 Model（3）~ Model（6）中利用企业成熟度指标替代风险投资背景的虚拟变量。同样地，鉴于企业成熟度（企业年龄和企业规模）是内生变量，我们采取工具变量回归法。虽然 Panel A 中 CH_AD_ROA$_1$的回归结果没有为研究假设 3 提供直接的证据支持，然而 Panel B 和 Panel C（分别为 CH_AD_ROA$_2$ 和 CH_AD_ROA$_3$ 的回归分析）中的 Models（4）~ Model（6）的结果显示，IPO 后长期经营业绩与 IPO 时点的企业年龄显著正相关。而先前的分析结果显示，IVC 投资的企业在 IPO 时点的企业年龄相对较低。在未列示的分析中，我们将 D_IVC 和 D_Non−VC 引入 Models（4）~ Model（6），lnFirmAsset 的估计系数大多显著为正，但没有结果显示 D_IVC 对长期经营业绩具有显著影响。结果表明，IVC 投资的企业由于过早地上市，导致其长期经营业绩低下。

D_IVC 的估计系数不显著，否定了 IVC 具有卓越的监督和认证功能因而使企业可以在早期阶段上市的观点。

表 3.10　IPO 后长期经营业绩的回归分析

	Model（1）	Model（2）	Model（3）	Model（4）	Model（5）	Model（6）
Sample	Entire	VC-backed	Entire	Entire	VC-backed	VC-backed
Estimation	OLS	OLS	IV	IV	IV	IV
Panel A：CH_AD_ROA$_1$ 的回归分析						
D_IVC	−0.030	−0.029				
	（−1.47）	（−1.30）				
D_Non-VC	−0.001					
	（−0.12）					
lnVCAge		0.013			0.013	0.016
		（0.92）			（0.93）	（1.20）
D_List					0.033 *	0.030 *
					（1.95）	（1.74）
lnFirmAge			0.039		0.046	
			（1.27）		（1.15）	
lnFirmAsset				0.035 *		0.036
				（1.85）		（1.37）
lnOffersize	0.001	0.001	0.003	0.001	0.003	0.002
	（0.20）	（0.15）	（0.59）	（0.19）	（0.42）	（0.19）
Constant	−0.015	−0.056	−0.157	−0.336 *	−0.222	−0.396
	（−0.40）	（−1.16）	（−1.41）	（−1.92）	（−1.59）	（−1.64）
Industry Dummy			Yes			
R^2	0.0106	0.0315	0.0099	0.0132	0.0316	0.0326
N	704	471	702	702	469	469
Panel B：CH_AD_ROA$_2$ 的回归分析						
D_IVC	−0.007	−0.019				
	（−0.33）	（−0.81）				
D_Non-VC	0.009					
	（0.77）					

续表

	Model（1）	Model（2）	Model（3）	Model（4）	Model（5）	Model（6）
Sample	Entire	VC-backed	Entire	Entire	VC-backed	VC-backed
Estimation	OLS	OLS	IV	IV	IV	IV
lnVCAge		−0.004			−0.013	−0.009
		（−0.32）			（−0.87）	（−0.61）
D_List		0.051***			0.067***	0.070***
		（2.66）			（3.23）	（3.43）
lnFirmAge			0.054		0.079	
			（1.32）		（1.48）	
lnFirmAsset				0.080***		0.088**
				（3.07）		（2.38）
lnOffersize	−0.001	−0.001	0.002	−0.002	0.002	−0.001
	（−0.21）	（−0.17）	（0.34）	（−0.34）	（0.24）	（−0.17）
Constant	−0.002	0.020	−0.194	−0.722***	−0.240	−0.771**
	（−0.05）	（0.42）	（−1.33）	（−3.01）	（−1.34）	（−2.28）
Industry Dummy				Yes		
R²	0.0087	0.0321	0.0120	0.0317	0.0384	0.0503
N	682	458	680	680	456	456

Panel C：CH_AD_ROA$_3$ 的回归分析

	Model（1）	Model（2）	Model（3）	Model（4）	Model（5）	Model（6）
D_IVC	0.007	0.005				
	（0.32）	（0.22）				
D_Non-VC	−0.003					
	（−0.21）					
lnVCAge		0.001			−0.003	−0.007
		（0.02）			（−0.15）	（−0.43）
D_List		0.018			0.021	0.036*
		（0.84）			（1.08）	（1.73）
lnFirmAge			0.047		0.008	
			（1.35）		（0.18）	
lnFirmAsset				0.094***		0.066**
				（4.04）		（2.20）
lnOffersize	−0.001	−0.005	0.001	−0.003	−0.004	−0.005
	（−0.23）	（−0.52）	（0.07）	（−0.52）	（−0.45）	（−0.52）

续表

	Model（1）	Model（2）	Model（3）	Model（4）	Model（5）	Model（6）
Sample	Entire	VC-backed	Entire	Entire	VC-backed	VC-backed
Estimation	OLS	OLS	IV	IV	IV	IV
Constant	0.004	0.041	−0.161	−0.843***	0.017	−0.542**
	(0.10)	(0.71)	(−1.29)	(−3.83)	(0.12)	(−2.07)
Industry Dummy	Yes					
R^2	0.0040	0.0111	0.0069	0.0365	0.0105	0.0220
N	604	412	603	603	411	411

注：***、**、*分别表示在1%、5%和10%的水平下显著。

进一步地，我们以调整后购买并持有超额收益（AD_BHR_t）作为过早上市的成本的代理变量，对企业 IPO 后的长期市场表现进行了回归分析。在表 3.9 解释变量的基础上，我们引入账面市值比（所有者权益的账面价值与基于 IPO 收盘价的所有者权益的市值的比，记作 B/M）控制成长性对企业 IPO 后长期市场价值可能产生的影响（Loughran and Ritter，1995；Brav and Gompers，1997；Hamao et al.，2000；Wang et al.，2002；Chan et al.，2004；Tykvova and Walz，2007）。未报告的结果显示，D_IVC、lnFirmAge 以及 lnFirmAsset 对 AD_BHR_t 不存在显著影响。然而，在包含 D_Rank 和 D_Market 的回归分析中，D_Market 的估计系数均显著为正，与 Hwang 和 Jayaraman（1993）、Locke 和 Gupta（2008）得到了一致的结果。在进一步地考虑内生性问题可能产生的影响后，我们的研究结果依然稳健。结合表 3.8 的分析结果，我们认为，IVC 支持的企业倾向于选择上市条件宽松的证券交易所上市，而通常情况下，在上市条件宽松的证券交易所上市的企业的 IPO 后长期业绩表现相对较差。以上结果证实了 IVC 也具有黑暗面，可能对受资企业产生消极的影响。关于其他解释变量，与已有研究的结果一致，B/M 的估计系数在所有模型中均显著为正（Loughran and Ritter，1995；Brav and Gompers，1997；Tykvova and Walz，2007）。不同于我们的研究结果，Hamao 等（2000）发现，IVC 支持的企业的 IPO 后长期市场业绩明显优于 FVC 支持的 IPO 企业。导致研究结果出现差异的原因可能是，在我们的样本期间内开通了新的证券交易所，为 IVC 急于将受资企业推动上市的行为提供了更多的机会。

综上，本书认为，IVC 可能是基于以下四个原因而倾向于将受资企业在尚未发展成熟时推动上市：逐名动机、风险偏好、受资企业融资环境以及竞争劣势。然而，受到数据可得性的限制，我们难以掌握受资企业在获得风险投资首轮投资时的成熟度以及风险特征信息。同时，我们也没能够获得风险投资从首轮投资到退出的时长信息。尽管我们未能对 IVC 的黑暗面进行充分的解释说明，然而，我们的研究结果首次揭示了 IVC 具有推动小规模、低年龄的企业上市的倾向，而具有上述特征的企业在 IPO 后需要承担首日抑价程度高和长期业绩低下的后果。以上结果表明，风险投资的背景对其投资行为和退出战略具有重大影响。

3.5　本章小结

学者们围绕金融混业经营的经济后果开展了广泛的研究，对于银行和证券公司参与风险投资活动大多持消极态度。已有研究认为，由于 IVC 的投资不会产生利益冲突，能够在投资过程中有效地发挥监控功能和认证功能，因此，IVC 支持的企业在 IPO 时的首日抑价程度相对较低、IPO 后长期业绩表现也优于其他企业（Hamao et al.，2000；Wang et al.，2002；Tykvova and Walz，2007）。

首先，不同于已有研究，本章旨在揭示 IVC 的黑暗面（或 FVC 积极的一面）。与依赖内部资本市场融资的 FVC 相比，由于 IVC 必须利用外部市场筹集资金，因而有强烈的动机提高自身的声誉。已有研究提出了逐名假说，即新兴风险投资为了建立声誉，倾向于将受资企业在未成熟阶段推动上市（Gompers，1996；Wang et al.，2003；Hibara and Mathew，2004）。我们认为，IVC 也有动机效仿新兴风险投资机构开展逐名行为。

其次，不同于从母银行利益出发的 BVC，IVC 的风险厌恶程度相对较低，更倾向于投资处于早期发展阶段的企业。此外，BVC 的母银行的贷款提供降低了创业企业利用外部市场融资的迫切性，削弱了企业尽早上市的动机。

最后，在金融机构占主导地位的风险投资市场上，IVC 处于竞争劣势，不得不投资于资质相对较差的企业。基于以上原因，IVC 具有将企业在不成熟阶段推动上市的倾向。

本章以 1998～2006 年在日本创业板市场上市的 IPO 企业为研究对象来验证上述研究假设。研究结果显示，与 FVC 支持的企业相比，IVC 支持的企业在 IPO 时点的规模相对较小且年龄相对较低。由于在未成熟阶段仓促上市，IVC 支持的企业倾向于聘请声誉较低的证券公司担任承销商，并选择在上市条件宽松的证券交易所上市。IPO 时点的企业规模和企业年龄与 IPO 抑价显著负相关，与 IPO 后长期业绩表现显著正相关。综上所述，本书的研究结果表明，IVC 具有黑暗的一面；IVC 具有将资质差的企业推动上市的倾向。

本章对于已有研究可能产生的贡献如下：

首先，我们发现，金融机构背景改变了风险投资的投资行为。与 IVC 相比，FVC 立足与更长远的视野开展投资活动。银行和证券公司进入风险投资市场能够有效地阻止企业在未成熟阶段仓促上市。

其次，大量研究结果显示，IVC 是积极的投资者。不同于已有研究，我们首次揭示了 IVC 的黑暗面。

著名的风险投资机构如表 3.11 所示。

表 3.11　风险投资机构

Name	Foundation Year/Month	Listed VC or Not	Listing Date	Delisting Date	Type
SB Finance	1972/12	NOT			BVC
JAFCO Co.，Ltd.	1973/04	YES	1987/06/03		SFVC
Yamaichi Finance Co.，Ltd.	1973/12	NOT			SFVC
Central Capital Co.，Ltd.	1974/01	NOT			BVC
Tokyo Venture Capital Co.，Ltd.	1974/04	NOT			BVC
Diamond Capital Co.，Ltd	1974/08	NOT			BVC
Mitsubishi UFJ Capital Co.，Ltd.	1974/08	NOT			BVC
Japan Asia Investment Co.，Ltd	1981/07	YES	1996/09/18		IVC
NIF Ventures Co.，Ltd.	1982/01	YES	2002/03/12	2009/09/14	SFVC
Nippon Investment & Finance Co.，Ltd.	1982/08	NOT			SFVC
ShinkoCapital Co.，Ltd.	1982/12	NOT			SFVC
Marusan Finance Co.，Ltd.	1983/03	NOT			SFVC

续表

Name	Foundation Year/Month	Listed VC or Not	Listing Date	Delisting Date	Type
Fujigin Capital Co. , Ltd.	1983/07	NOT			BVC
Mizuho CapitalCo. , Ltd.	1983/07	NOT			BVC
Nikko Capital Co. , Ltd.	1983/07	NOT			SFVC
Kyushu Capital Co. , Ltd.	1983/09	NOT			BVC
Toyo Capital Co. , Ltd.	1983/10	NOT			SFVC
Kankaku Investment Co. , Ltd.	1984/02	NOT			SFVC
Yokohama Capital Co. , Ltd.	1984/03	NOT			BVC
Joroku Capital Co. , Ltd.	1984/04	NOT			BVC
Chibagin Capital Co. , Ltd.	1984/05	NOT			BVC
Daishi Capital Co. , Ltd.	1984/06	NOT			BVC
Sanwa Capital Co. , Ltd	1984/08	NOT			BVC
Shizuoka Capital Co. , Ltd.	1984/08	NOT			BVC
Hachijuni Capital Co. , Ltd.	1984/09	NOT			BVC
Kyoritsu Capital Co. , Ltd.	1984/10	NOT			BVC
Hokuriku Capital Co. , Ltd.	1985/01	NOT			BVC
Tomin Corporate Investment Co. , Ltd.	1985/07	NOT			BVC
Kagoshima CapitalCo. , Ltd.	1985/08	NOT			BVC
Daiwa Corporate Investment Co. , Ltd.	1986/01	NOT			BVC
Asahi Bank Investment Co. , Ltd.	1988/03	NOT			BVC
Resona Capital Co. , Ltd.	1988/03	NOT			BVC
IBJ Investment	1990/04	NOT			BVC
Sagin Venture Capital Co. Ltd.	1991/03	NOT			BVC
Aozora Investment Co. , Ltd.	1991/05	NOT			BVC
Sakura Capital Co. , Ltd.	1992/03	NOT			BVC
Hiroshima Venture Capital Co. , Ltd.	1995/08	NOT			BVC
SB Investments Ltd.	1995/08	NOT			BVC
SMBC Capital Co. , Ltd.	1995/08	NOT			BVC

续表

Name	Foundation Year/Month	Listed VC or Not	Listing Date	Delisting Date	Type
Gogin Capital Co. , Ltd.	1996/01	NOT			BVC
Nippon Venture Capital Co. , Ltd.	1996/02	NOT			IVC
Shokugin Capital Co. , Ltd.	1996/04	NOT			BVC
Japan Angel Capital Corporation	1996/08	NOT			IVC
YashinManManCo. , Ltd.	1996/12	NOT			IVC
Future Venture Capital Co. , Ltd.	1998/09	YES	2001/10/10		IVC
Mirai SecuritiesCo. , Ltd.	1998/10	NOT			SFVC
Nippon Technology Venture Partners Ltd.	1998/07	NOT			IVC
Hokkaido Venture Capital, Inc.	1999/08	NOT			IVC
ICP Inc.	1999/09	NOT			IVC
World CapitalCo. , Ltd.	1999/09	NOT			IVC
Incubator Capital Partners Ltd.	1999/10	NOT			IVC
IT Farm Corporation	1999/11	NOT			IVC

注：BVC 表示银行背景风险投资；SFVC 表示券商背景风险投资；IVC 表示独立系风险投资。

4 风险投资异质性与 IPO 企业盈余管理

4.1 绪 论

IPO 中的盈余管理一直以来都是学者们关注的重点。大量实证研究表明，上市企业普遍存在 IPO 前的盈余管理行为，且倾向于实施收益向上的盈余管理（Aharony et al., 1993；Friedlan，1994；Chaney and Lewis，1998；Teoh et al.，1998；Ducharme et al.，2001，2004；Roosenboom et al.，2003；Darrough and Rangan，2005；Kao et al.，2009）。这是由于在 IPO 市场上，企业上市前的公开信息十分有限，招股说明书中的财务报表信息是承销商和投资者判断企业价值的重要依据。为了提高上市成功的可能性、获得更高的发行价格，IPO 企业具有强烈的动机通过调增可操纵性应计利润来提高盈余水平。然而，近年的研究指出，IPO 前激进的盈余管理会导致企业上市后的业绩变脸，使企业付出高昂的成本（增加诉讼风险和融资环境恶化等）。因此，企业在 IPO 前更加偏好保守的会计政策（Kimbro，2005；Ball and Shivakumar，2008；Ahmad - Zaluki et al.，2011；Francis et al.，2012）。

已有研究结果表明，IPO 企业管理者在上市过程中具有两种对立的动机：正向的盈余管理和保守的盈余管理。一方面，为提高发行价格、实现利益最大化，IPO 企业管理者有动机进行正向盈余管理；另一方面，为降低诉讼风险以及融资环境恶化的风险，IPO 企业管理者倾向于采取保守的会计政策。基于上述讨论，我们认为，IPO 企业的盈余管理行为取决于 IPO 企业特征和上市动机。

本书选取 2001～2006 年在日本 JASDAQ、MOTHERS 和 HERCULES 上市的企业为研究样本，考察 IPO 企业的盈余管理行为。第 3 章的研究结果显示，相较于 FVC，IVC 具有将受资企业在未成熟阶段仓促上市的倾向。已有研究指出，BVC 支持的企业能够优先获得母银行的贷款（Hellmann，2002；Wang et al.，2002；Hellman et al.，2008）。在第 2 章的实证分析中，我们利用日本的数据进一步地证实了 BVC 的战略性投资行为。基于以上讨论，我们认为，日本的 IPO 企业在企业特征和上市动机上存在显著差异，进而会影响其在 IPO 中的盈余管理行为。实证研究结果显示，FVC 支持的 IPO 企业和无风险投资支持的 IPO 企业在上市前一年（Year-1）的盈余管理水平显著为正。然而，没有证据表明 IVC 支持的企业在 IPO 前存在显著的盈余管理行为，并且 IVC 支持的企业在上市前一年的盈余管理水平显著地低于 FVC 和没有风险投资支持的企业。研究还显示，IPO 前后的经营活动现金流量变化与企业的盈余管理水平之间呈显著负相关关系，且上市前一年盈余管理水平越低的企业，这一现象越明显。

综上，我们的研究结果表明，在日本 IPO 市场上同时存在着两种对立的盈余管理动机。IVC 支持的 IPO 企业在上市时点的成熟度相对较低，且通常与银行不具备长期紧密的关联关系。在此背景下，IVC 支持的企业为避免上市后业绩下滑以及由此产生的潜在诉讼风险和融资环境恶化成本，倾向于在 IPO 前储备利润。与之相对，FVC 以及无风险投资支持的企业在 IPO 时点相对成熟。特别是 BVC 支持的 IPO 企业可以便利地通过母银行进行贷款融资。因此，无风险投资支持和 FVC 支持的企业在 IPO 过程中更加关注提高发行定价和降低融资成本，因而倾向于实施收益向上的盈余管理。

本书的贡献主要体现为：

首先，利用日本风险投资隶属关系数据进行实证研究的结果清晰地显示，不同的盈余管理动机并存于一个 IPO 市场中。

其次，我们首次发现，IPO 前企业的盈余管理水平越低，IPO 后经营现金流量的变化与盈余管理水平之间的负相关关系越显著。这一结果表明，为避免上市后的业绩恶化，企业具有在 IPO 前采取保守的会计政策的倾向，进而为盈余管理的避免业绩恶化动机提供了有力的证据支持。

最后，我们拓展了风险投资对盈余管理影响的相关研究。已有研究结果显示，风险投资能够缓解信息不对称，因而获得风险投资支持的 IPO 企业的盈余管理水平显著地低于没有风险投资支持的 IPO 企业（Morsfield and Tan，2006；Hochberg，2012）。不同于已有研究，我们认为，风险投资在组织结构方面存在差异，因而其对企业IPO中的盈余管理行为的影响也随风险投资隶属关系的不同产生差异。

4.2 理论分析与假设提出

4.2.1 IPO 盈余管理

围绕 IPO 过程的盈余管理问题积累了丰富的研究成果。由于 IPO 企业具有高度信息不对称特征，因此招股说明书中的财务报表信息就成为投资者和承销商的重要信息来源。在此背景下，IPO 企业管理为了获得更高的发行定价、提高企业 IPO 成功的概率，具有强烈的动机对盈余信息进行操纵。大量的研究结果表明，上市企业在 IPO 前存在显著的收益向上的盈余管理（Aharony et al.，1993；Friedlan，1994；Chaney and Lewis，1998；Teoh et al.，1998；Ducharme et al.，2001，2004；Roosenboom et al.，2003；Darrough and Rangan，2005；Kao et al.，2009；Chahine et al.，2012；Wongsunwai，2013）。

然而，另一部分研究指出，企业在 IPO 前更倾向于采取保守的而不是激进的会计政策（Kimbro，2005；Ball and Shivakumar，2008；Ahmad-Zaluki et al.，2011；Francis et al.，2012）。一般情况下，企业管理者倾向于在获利年份调减收益从而为未来亏损时的正向盈余管理留下空间（Chung et al.，2002；Kimbro，2005）。类似地，IPO 企业也有动机在上市前采取保守的会计政策。Kimbro（2005）指出，上市企业通过对 IPO 招股说明书的财务报表信息进行负向盈余管理，不仅可以储备利润以便在未来业绩恶化时予以转回，而且可以缓解投资者对于自由现金流问题的担忧。Ball 和 Shivakumar（2008）认为，企业在上市前提高会计信息质量不仅是出于满足投资者要求动机，而且是为了降低潜在的诉讼风险。Francis 等（2012）为这一观点提供了证据支持，科技企业为避免陷入法律诉讼而倾向于在 IPO 前采取保守的会计政策。此外，Ahmad Zaluki 等（2011）提出了新的观点，创始人对上市后控制权被过度稀释的担忧，在一定程度上抑制了企业的盈余管理行为。

先前研究结果表明，IPO 企业管理者在上市过程中具有两种对立的动机：实施正向盈余管理以提高发行价格和 IPO 成功的概率；采取保守的会计政策以避免业绩恶化及其伴随的潜在成本。基于以上讨论，我们认为，IPO 中的盈余管理是企业管理者在高发行价格（成功上市）的收益和上市后业绩恶化的成本之间进行权衡后所做出的选择。这种选择可能受到企业特征以及企业上市动机的影响。当 IPO 企业具有严重的信息不对称特征，且管理者希望通过上市实现收益最大化时，企业倾向于在 IPO 前进行收益向上的盈余管理。与之相对，上市后具有业绩严重下滑风险的企业倾向于在 IPO 前采取负向盈余管理（保守的会计政策），从而为未来存储利润。特别地，对于上市后需要利用外部市场进行融资的企业，这一倾向会更为显著。

4.2.2 风险投资与盈余管理

已有研究结果表明，风险投资的参与会对企业 IPO 过程的盈余管理产生影响。由于风险投资具有监控和认证功能，能够有效地缓解信息不对称（Barry et al.，1990；Megginson and Weiss，1991），因此，风险投资的介入对企业 IPO 前的正向盈余管理具有抑制作用。

值得注意的是，风险投资在组织结构（隶属关系）以及投资目标方面存在差异。如前所述，风险投资的主要组织形式是以投资收益最大化为目标的独立系风险投资（IVC）。同时，存在着大型企业和金融机构为达成战略目标而设立的附属投资机构：企业背景风险投资以及金融机构背景风险投资（Gompers and Lerner，2000；Hamao et al.，2000；Hellmann，2002；Wang et al.，2002；Tykvova and Walz，2007；Bottazzi et al.，2008；Hellmann et al.，2008；Masulis and Nahata，2009）。先前研究指出，BVC 为拓展母银行的信贷业务而投资于创业企业（Hellmann，2002；Wang et al.，2002；Hellmann et al.，2008）。与先前研究的观点一致，第 2 章的研究结果显示，BVC 向创业企业的投资能够显著地提高其母银行向创业企业提供贷款的可能性。这意味着相较于 IVC，BVC 更偏好投资于风险低的创业企业。同时，我们还可以预测 BVC 支持的企业能够便利地获得债务融资（来自 BVC 母银行的贷款）。因此，对于 BVC 支持的企业，为获得融资而尽快上市的压力相对较小。另外，由于 IVC 需要定期地通过外部资本市场筹集资金，因而具有强烈的逐名动机（将受资企业在未成熟阶段上市以提高自身的声誉）。第 3 章的研究结果为这一观点提供了证据支持：IVC 支持的企业在 IPO 时点的企业年龄显著地低于 FVC 支持的企业，并且企业规模也明显更小。①

基于此，我们采用风险投资的类型（隶属关系）作为 IPO 企业特征和上市动机的代理变量。IVC 支持的企业在 IPO 时点的年龄相对较低且规模相对较小，因而可能具有高度信息不对称特征。第 3 章的研究结果表明，IVC 支持的企业偏好声誉低的承销商，并且倾向于在上市条件宽松的市场上市。已有研究显示，规模小、年龄低的 IPO 企业具有强烈的动机和条件进行盈余管理（Aharony et al., 1993；Ahmad-Zaluki et al., 2011）。此外，Lee 和 Masulis（2011）、Chahine 等（2012）以及 Wongsunwai（2013）指出，新兴风险投资机构为了推动受资企业尽快上市以提高声誉，很可能与受资企业勾结，在上市前进行收益向上的盈余管理。据此，我们预测由于 IVC 具有强烈的动机提高 IPO 发行价格和成功的概率，因此，IVC 支持的企业在上市前倾向于采取正向盈余管理。

另外，如前所述，IPO 中的盈余管理是企业在高发行价格的收益和业绩恶化的潜在成本之间权衡后做出的决策。IVC 支持的企业在 IPO 时点的成熟度相对较低。先前研究发现，年龄低、规模小的企业更有可能经历上市后的长期业绩低迷（Ritter, 1991；Brav and Gompers, 1997）。基于此，我们认为，IVC 支持的 IPO 企业面临更高的未来业绩恶化的风险和潜在成本。此外，由于 IVC 支持的企业在上市后需要利用外部市场融资，因此需要呈现良好的业绩（BVC 支

---

① 这一结果还可以归因于，在日本风险投资市场上，FVC 相对于 IVC 更加具有竞争优势。因此，IVC 不得不投资于资质相对较差的企业。

持的 IPO 企业可以利用母银行的贷款融资）。因此我们认为，IVC 支持的企业在 IPO 前的盈余管理决策中应该更重视未来业绩恶化所产生的高昂成本。与之相对，FVC 支持的企业在 IPO 时点的成熟度相对较高，且具有银行借款融资的便利，因而在盈余管理决策中更加关注发行价格最大化所带来的收益。基于以上讨论，我们提出如下研究假设：IVC 支持的 IPO 企业为避免上市后的业绩恶化，倾向于在上市前采取保守的会计政策；FVC 支持的 IPO 企业为提高发行价格，倾向于在上市前进行正向盈余管理。

已有研究通过考察 IPO 前的盈余管理水平与上市后获现能力之间的关系，证实 IPO 企业具有采取保守的会计政策的倾向。然而，未来现金流的影响因素众多且是不可预期的。尽管 IPO 企业管理者预测未来现金流有下降的可能性，因而在 IPO 前采取保守的会计政策，然而实际情况可能是由于不可预测的环境变化，企业上市后的现金流表现优异，从而导致结论偏差。基于此，我们采用预先确定的变量（风险投资的类型）来检验具有特定特征的 IPO 企业是否偏好保守的会计政策。

4.3　样本选择与数据来源

4.3.1　样本选择

研究以 2001～2006 年在日本 JASDAQ、MOTHERS 和 HERCULES

证券交易所上市的 IPO 企业为研究对象。我们利用 IPO 企业的招股说明书手动收集了企业股东信息，将风险投资持股的 IPO 企业记作 VC-backed IPOs。联合投资是风险投资广泛采取的一种投资方式。其中，领投者在实施监控和提供咨询建议等方面发挥着关键作用。借鉴 Barry 等（1990）、Tykvova 和 Walz（2007），我们将持有受资企业最高比例股权的风险投资认定为领投者。

进一步地，我们根据领投者的隶属关系将样本企业分为 IVC 支持的 IPO 企业和 FVC 支持的 IPO 企业。我们利用日本风险投资协会（Venture Enterprise Center）发布的风险投资年鉴以及风险投资机构主页发布的信息来识别风险投资的隶属关系。当风险投资机构的最大股东为银行或证券公司时，我们将该风险投资认定为金融机构背景风险投资（FVC）。与此同时，我们还利用风险投资机构的主页进行信息核对和补充收集，若风险投资机构的主页中显示该风险投资隶属于银行或证券公司，则该风险投资也将被认定为 FVC。例如，我们将 Mizuho Capital（日本最大的银行背景风险投资）认定为 FVC 是由于其最大股东是 Mizuho bank（持股比例为 49.9%）。我们将日本最大的风险投资机构 JAFCO Co. Ltd.（以下简称 JAFCO）认定为 FVC 是由于日本最大的证券公司 Nomura Group 是 JAFCO 的最大股东，持有其 17.4% 的股份。类似地，我们通过风险投资的股东信息以及风险投资机构的主页来识别独立系风险投资。例如，由于 Future Venture Capital Co. , Ltd. 的最大股东为其 CEO，我们将其认定为 IVC。

样本中还包含没有获得风险投资的支持 IPO 企业（non-VC

backed IPOs）。IPO 企业的财务数据来自 Nikkei NEEDS Financial Quest 数据库。我们剔除风险投资隶属关系信息缺失、财务数据不全的企业。为消除盈余管理数据极端值的影响，我们对其进行了 1% 和 99% 水平的缩尾处理。据此，480 家样本企业中，307 家获得了风险投资的支持，173 家不具有风险投资背景。其中，风险投资支持的 IPO 企业中有 259 家的领投者为 FVC，48 家的领投者为 IVC。

4.3.2　盈余管理的计量

企业报告的净利润由经营现金流量和总应计利润两部分构成。由于经营现金流量对应现金变化，受会计选择影响较小，管理者的自由裁量相对有限。与之相对，应计利润内生于权责发生制，管理者对其具有较大的操纵空间。总应计利润（Total Accruals，TA）又可划分为可操纵性应计利润（Dscretionary Accruals，DA）和非操纵性应计利润（Non-Dscretionary Accruals，NDA）。其中，可操纵性应计利润代表了企业盈余管理程度（Dechow et al., 1995；Chaney and Lewis，1998；Chung et al., 2002；Ball and Shivakumar，2008；Lee and Masulis，2011；Horchberg，2012；Wongsunwai，2013）。借鉴 Dechow 等（1995），我们利用修正琼斯模型（Modified Jones Model）估计可操纵性应计利润。

首先，我们从当年上市企业中剔除 IPO 样本（Estimation Sample），再逐年分行业按照如下模型进行回归估计。

$$\frac{TA_{j,t}}{A_{j,t-1}} = \beta_0\left(\frac{1}{A_{j,t-1}}\right) + \beta_1\left(\frac{\Delta REV_{j,t} - \Delta AR_{j,t}}{A_{j,t-1}}\right) + \beta_2\left(\frac{PPE_{j,t}}{A_{j,t-1}}\right) +$$

$$\varepsilon_{j,t} \in \text{ estimation sample} \qquad (4\text{-}1)$$

式中，TA 为总应计利润；A 为企业总资产；ΔREV 和 ΔAR 分别为营业收入增长率和应收账款增长率；PPE 为固定资产规模。下标 j 和 t 则分别表示企业和年度。借鉴 Hribar 和 Collins（2002），我们利用现金流量表法计算总应计利润 TA：

$$\text{TA} = \text{Net income}(\text{NI}) - \text{Cash flow from operations}(\text{CFO}) \qquad (4\text{-}2)$$

其次，我们求 t 年度 IPO 企业 i 的非操作性应计利润：

$$\text{NDA}_{i,t} = \hat{\beta}_0\left(\frac{1}{A_{i,t-1}}\right) + \hat{\beta}_1\left(\frac{\Delta\text{REV}_{i,t} - \Delta\text{AR}_{j,t}}{A_{i,t-1}}\right) + \hat{\beta}_2\left(\frac{\text{PPE}_{i,t}}{A_{i,t-1}}\right) \qquad (4\text{-}3)$$

式中，$\hat{\beta}_0$、$\hat{\beta}_1$ 和 $\hat{\beta}_2$ 是利用式（4-1）估计而得的系数。

最后，我们利用如下公式计算 IPO 企业 i 在 t 年的可操纵性应计利润 DA：

$$\text{DA}_{i,t} = \frac{\text{TA}_{i,t}}{A_{i,t-1}} - \text{NDA}_{i,t} \qquad (4\text{-}4)$$

4.3.3　控制变量

参考已有研究，我们采用如下可能对盈余管理产生显著影响的因素作为控制变量。获现能力强的企业利用应计利润进行盈余管理的动机相对较弱（Chung et al., 2002；Morsfield and Tan, 2006；Chang et al., 2010），我们采用 OCF（经营活动现金流量与总资产比值）衡量企业的获现能力（见表 4.1）。成立时间长的企业通常具有健全的内部控制体系和财务制度，从而减少提高盈余的机会主义行为（Ahmad-Zaluki et al., 2011）。我们加入 IPO 时点企业年龄的自然对数（lnAGE）作为控制变量。大企业更多地受到市场的关注和监督，其利润操纵行为更容易被识破，因此较少进行盈余管理（Aharony et al.，1993；Lee and Masulis，2011）。我们采用企业总资产的自然对数作为企业规模的代理变量（lnSIZE）。投资者对企业陷入财务困境的担忧可能导致 IPO 的失败，高杠杆企业为确保企业 IPO 的成功，有动机实施收益向上的盈余管理（Aharony et al.，1993；Fan，2007）。

表 4.1　变量定义

变量	定义
DA_t	盈余管理水平，利用修正琼斯莫斯估计的可操纵性应计利润
OCF_t	IPO 第 t 年经营活动现金流量与总资产比值。上市当年为 0 年
$DIFF\_OCF_t$	上市后第 t 年（Year t）相对上市前一年（Year −1）的经营活动现金流量变化率。上市上年为 Year 0
D_IVC	独立系风险投资的虚拟变量，当投资于企业的领投者为独立系风险投资时取值为 1，否则为 0
D_NVC	无风险投资背景的虚拟变量，当企业为没有风险投资支持的 IPO 企业时取值为 1，否则为 0
lnAGE	上市时企业年龄的自然对数
lnSIZE	上市时企业总资产的自然对数
D_RANK	承销商声誉的虚拟变量，当承销商为日本三大证券公司时取值为 1，否则为 0
D_MARKET	上市证券交易所的虚拟变量，在 JASDAQ 上市的 IPO 企业取值为 1，否则为 0
LEVERAGE	资产负债率，企业总负债与企业总资产的比值
D_HITECH	高科技企业的虚拟变量，当企业为通信、电器和服务行业时取值为 1，否则为 0

另外，债权人会对高杠杆企业实施严密的监督，使其难以实施盈余管理（Chung et al.，2002；Morsfield Tan，2006；Brau and Johnson，2009；Wongsunwai，2013）。企业的杠杆水平（LEVERAGE）用企业

总负债与总资产的比值表示。高科技企业具有较多的成长机会和高度的信息不对称特征，为管理者提供了充足的动机和机会进行正向盈余管理（Chang et al., 2010）。而同时，对于诉讼风险的担忧也可能会抑制高科技企业调增利润（Jo and Kim, 2007；Chang et al., 2010，Francis et al., 2012）。我们加入高科技企业的虚拟变量（D_HITECH），当企业属于通信、电器和服务行业时取值为 1，否则为 0（Kirkular and Davis, 2005；Sun et al., 2013）。Ahmad – Zaluki 等（2011）指出，在上市条件严格、交易历史悠久的证券交易所上市的企业，其信息不对称程度相对较低。在日本，JASDAQ、MOTHERS 和 HERCULES 是面向创业型企业的证券交易所。其中，JASDAQ 的历史最为悠久，上市条件也最为严格。我们预测，与在 MOTHERS 和 HERCULES 上市的 IPO 企业相比，在 JASDAQ 上市的 IPO 企业的信息透明度相对较高，因而盈余管理水平相对较低。基于此，我们加入证券交易所的虚拟变量（D_MARKET）。大量的研究结果显示，高声誉的承销商为了避免声誉受损和陷入法律诉讼，具有强烈的动机阻止企业进行盈余管理（Aharony et al., 1993；Morsfield and Tan, 2006；Jo and Kim, 2007；Brau and Johnson, 2009；Chang et al., 2010；Lee and Masulis, 2011）。借鉴 Beckman 等（2001）、Kaneko 和 Pettway（2003）以及 Sun 等（2013）的研究，我们引入高声誉承销商的虚拟变量（D_RANK），当承销商由日本三大证券公司（Nomura Securities、Daiwa Securities 和 Nikko Securities）担任时取值为 1，否则为 0。

4.4 实证回归结果及分析

4.4.1 企业特征

本书的前提假设是与 FVC 支持的企业相比较，IVC 支持的企业在 IPO 时的成熟度相对较低。为了验证这一前提假设的有效性，我们对 FVC、IVC 以及无风险投资（NVC）支持的 IPO 企业在上市时点的特征进行了比较，结果如表 4.2 中的 Panel A 所示。IVC 支持的企业在 IPO 时的年龄显著地低于 FVC 以及无 NVC 支持的企业。相似地，IVC 支持的企业在上市时的资产规模也明显地小于 FVC 和 NVC 支持的企业。此外，结果还显示，FVC（NVC）支持的 IPO 企业中，52.9%（60.1%）的企业由高声誉的证券公司担任承销商。与之相对，IVC 支持的 IPO 企业中，这一比例仅为 37.5%。FVC 和 NVC 支持的 IPO 企业中，约 2/3 的企业选择在上市条件严格的 JASDAQ 证券交易所上市。然而，IVC 支持的 IPO 企业中仅有不足半数的企业选择在 JASDAQ 上市。上述结果支持了我们的假设，IVC 支持的企业在 IPO 时点相对不成熟，面临着严重的信息不对称。

表 4.2 中的 Panel B 显示了样本企业上市前一年（Year-1）到上市后第三年（Year 3）的经营活动现金流量（OCF）。值得注意的是，IVC 支持的企业在上市前的现金流表现要优于 FVC 支持的企业。然而，在 IPO 当年以及 IPO 后的第二年（Year 2），IVC 支持的企业的

现金流表现显著地低于 NVC 支持的企业。

表 4.2 中的 Panel C 列示了企业上市后的经营活动现金流量变化情况。相对于 IPO 前，所有样本企业在上市后经历了经营活动现金流量的显著下降。虽然没有结果显示 IVC、FVC 以及 NVC 支持的 IPO 企业在经营活动现金流量的变化方面存在显著差异，然而由 Panel C 可见，IVC 支持的企业的经营活动现金流量下降幅度最大。上述结果意味着，IPO 支持的企业倾向于在取得高业绩后立即上市。相对于 FVC 以及 NVC 支持的企业，IVC 支持的企业在上市前更倾向于采取保守的会计政策。

表 4.2 不同背景风险投资支持的企业 IPO 特征比较

		IVC	FVC	NVC	DIFF（FVC–IVC）	DIFF（NVC–IVC）
Panel A：上市时企业特征						
AGE	Mean	12.456	20.764	17.852	3.774***	2.621***
	Median	8.555	18.01	16.03	4.222***	2.920***
	N	48	259	173		
SIZE（million JPY）	Mean	4591.458	8194.927	13907.05	1.618	1.556
	Median	2535.5	3712	5066	2.667***	3.597***
	N	48	259	173		
D_RANK	Percent	0.375	0.529	0.601	1.802*	1.736*
	N	48	137	173		
D_MARKET	Percent	0.458	0.664	0.682	2.552***	2.458**
	N	48	259	173		
Panel B：经营活动现金流量（OCF$_t$）						
Year–1	Mean	0.096	0.070	0.098	−0.988	0.104
	Median	0.093	0.076	0.086	−0.961	−0.316
	N	48	259	173		

续表

		IVC	FVC	NVC	DIFF (FVC-IVC)	DIFF (NVC-IVC)
Year 0	Mean	0.028	0.046	0.066	0.857	1.731*
	Median	0.059	0.059	0.073	−0.238	0.826
	N	47	258	173		
Year 1	Mean	0.025	0.029	0.052	0.154	1.459
	Median	0.051	0.051	0.057	−0.127	0.669
	N	48	257	172		
Year 2	Mean	0.024	0.016	0.071	−0.248	2.335**
	Median	0.048	0.048	0.060	−0.018	1.558
	N	48	251	167		
Year 3	Mean	0.007	0.031	0.055	0.719	1.285
	Median	0.066	0.056	0.069	−0.901	0.173
	N	45	243	164		

Panel C：经营活动现金流量变化（$DIFF\_OCF_t$）

		IVC	FVC	NVC	DIFF (FVC-IVC)	DIFF (NVC-IVC)
(−1, 0)	Mean	−0.066**	−0.025**	−0.032**	1.497	1.189
	t−stat	(−2.555)	(−2.257)	(−2.501)		
	Median	−0.031*	−0.026***	−0.017***	0.433	0.554
	z-stat	(−1.926)	(−3.787)	(−2.591)		
	N	47	258	173		
(−1, 1)	Mean	−0.071***	−0.043***	−0.046***	0.954	0.995
	t−stat	(3.589)	(−3.599)	(−3.838)		
	Median	−0.076***	−0.029***	−0.026***	1.396	1.362
	z-stat	(−3.272)	(−4.763)	(−4.185)		
	N	48	257	172		
(−1, 2)	Mean	−0.072**	−0.055***	−0.021*	0.448	1.911*
	t−stat	(−2.534)	(−3.373)	(−1.794)		
	Median	−0.047***	−0.041***	−0.018**	0.392	1.580
	z−stat	(−2.697)	(−5.680)	(−2.065)		
	N	48	251	167		

续表

		IVC	FVC	NVC	DIFF (FVC-IVC)	DIFF (NVC-IVC)
(-1, 3)	Mean	-0.092	-0.042***	-0.040***	1.183	1.212
	t-stat	(-1.559)	(-2.928)	(-2.611)		
	Median	-0.026**	-0.022***	-0.017***	0.710	0.899
	z-stat	(-2.286)	(-4.068)	(-3.092)		
	N	45	243	164		

注：***、**、*分别表示在1%、5%和10%的水平下显著。

4.4.2　IPO 前的盈余管理

为检验我们的研究假设，IVC、FVC 以及 NVC 支持的企业在上市过程中的盈余管理水平如表4.3所示。我们采用可操纵性应计利润（DA）衡量企业的盈余管理水平。由表4.3、图4.1可见，在上市前一年，FVC 和 NVC 支持的企业的 DA 均为正，且通过了显著性检验。结果表明，FVC 和 NVC 支持的企业对 IPO 的发行价格更为重视，因而选择在上市前进行收益向上的盈余管理（Aharony et al., 1993；Friedlan，1994；Chaney and Lewis，1998；Teoh et al.，1998；Ducharme et al.，2001，2004；Roosenboom et al.，2003；Darrough and Rangan，2005；Kao et al.，2009）。与之相对，上市前一年，IVC 支持的企业的 DA 均值和中位数分别为-0.042 和 0.006，且没有通过显著性检验。结果表明，IVC 支持的企业可能出于对未来业绩恶化的担忧，因而在上市前采取了保守的会计政策。综上，以上结果支持了我们的研究假设，在同一个 IPO 市场上并存着两种不同的盈余管理动机。

表 4.3 不同背景风险投资支持的企业 IPO 前后盈余管理水平

DA_t		IVC	FVC	NVC	DIFF (FVC-IVC)	DIFF (NVC-IVC)
Year −1	Mean	−0.042	0.042***	0.043***	2.452***	2.277**
	T−statistics	(−1.035)	(3.314)	(2.658)		
	Median	0.006	0.021***	0.032***	1.200	1.271
	Z−statistics	(−0.277)	(3.779)	(2.982)		
	N	48	259	173		
Year 0	Mean	0.092***	0.075***	0.089***	−0.654	−0.085
	T−statistics	(3.061)	(7.708)	(5.614)		
	Median	0.062***	0.051***	0.047***	−0.062	−0.044
	Z−statistics	(3.381)	(7.953)	(5.879)		
	N	43	255	172		
Year 1	Mean	0.033	0.026***	0.058***	−0.295	0.920
	T−statistics	(1.362)	(2.946)	(4.667)		
	Median	0.016	0.031***	0.035***	0.136	0.843
	Z−statistics	(1.349)	(4.586)	(4.784)		
	N	45	252	170		
Year 2	Mean	−0.014	0.020**	0.018*	1.563	1.449
	T−statistics	(−0.604)	(2.366)	(1.837)		
	Median	0.011	0.022***	0.012*	1.821*	1.358
	Z−statistics	(−0.582)	(3.346)	(1.673)		
	N	47	244	164		
Year 3	Mean	0.030*	0.017**	0.027***	−0.636	−0.122
	T−statistics	(1.794)	(2.018)	(2.744)		
	Median	0.016	0.016**	0.001*	−0.355	−0.624
	Z−statistics	(1.607)	(2.572)	(1.687)		
	N	42	234	157		

注：***、**、*分别表示在1%、5%和10%的水平下显著。括号内数字为 t 值。

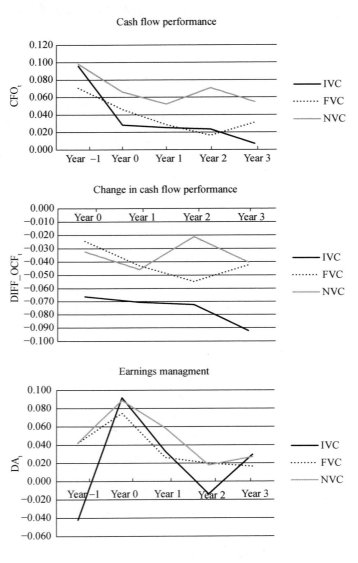

图 4.1　经营活动现金流量与盈余管理

　　为了进一步地验证 FVC 支持的企业与 IVC 支持的企业在上市前一年的盈余管理行为上是否存在显著差异，我们对 DA−1 进行了回归分析。主要的自变量是 IVC 支持企业的虚拟变量（D_IVC），对于 IVC 支持的 IPO 企业取值为 1，否则取值为 0。借鉴已有研究，我们采用如下可能影响盈余水平的因素作为控制变量：承销商声誉（D_RANK）、IPO 时点企业规模（lnSIZE）和企业年龄（lnAGE）、资产负债率（LEVERAGE）、上市证券交易所（D_MARKET）以及企业行业（D_HITECH）。此外，我们还加入无风险投资支持企业的虚拟变量（D_NVC）。表 4.4 和表 4.5 是主要变量的描述性统计结果和主要变量间的相关性分析结果。与前文的结果一致，D_IVC 与 lnSIZE、lnAGE、D_RANK 以及 D_MARKET 之间呈负相关关系。值得注意的是，表 4.5 还显示，lnAGE 和 lnSIZE 分别与 D_RANK 以及 D_MARKET 具有较高的正相关关系。

表 4.4 主要变量描述性统计

This table presents descriptive statistics of variables. Year −1 data are presented except for variables with note. For DA_t and DIFF_OCF, we present data during the post-IPO period (from Year 0 to Year 3). See Table 4.1 for the definition of variables

Variable	Mean	Standard deviation	Minimum	Median	Maximum	N
Panel A: Non-dummy variables						
DA_{-1}	0.034	0.218	−0.926	0.024	0.985	480
DA_t (Year 0 ~ Year 3)	0.040	0.151	−0.490	0.026	1.282	1825
Firm age	18.883	13.827	2	16.03	67	480
Assets	9893.323	27377.92	375	3904	439291	480
LEVERAGE	0.601	0.214	0.051	0.632	1.239	480
DIFF_OCF (Year 0 ~ Year 3)	−0.042	0.203	−2.425	−0.026	1.886	1873

续表

This table presents descriptive statistics of variables. Year −1 data are presented except for variables with note. For DA_t and DIFF_OCF, we present data during the post−IPO period（from Year 0 to Year 3）. See Table 4.1 for the definition of variables

Panel B：Dummy variables

	The number of observations that take a value of one	Percentage	N
D_IVC	48	0.1	480
D_NVC	173	0.360	480
D_RANK	259	0.540	480
D_MARKET	312	0.65	480
D_HITECH	255	0.531	480

表 4.5 相关性分析

	D_IVC	D_NVC	LNSIZE	LNAGE	D_RANK	D_MARKET	LEVERAGE	D_HITECH
D_IVC	1.000							
D_NVC	−0.250	1.000						
LNSIZE	−0.150	0.116	1.000					
LNAGE	−0.179	−0.046	0.447	1.000				
D_RANK	−0.110	0.093	0.222	0.096	1.000			
D_MARKET	−0.134	0.051	0.471	0.412	0.137	1.000		
LEVERAGE	−0.071	0.095	0.482	0.208	0.032	0.245	1.000	
D_HITECH	0.007	−0.043	−0.352	−0.263	0.012	−0.217	−0.3007	1.0000

对企业 IPO 前盈余管理的回归结果如表 4.6 所示。由于部分自变量之间具有较高的相关性，我们构建了多个回归模型。D_IVC 的系数在所有模型中均显著为负，表明相对于 FVC 支持的企业，IVC 支持的企业在上市前采取了更为保守的会计政策，盈余管理水平相对较低。上述回归结果支持了我们的研究假设，即 IVC 支持的企业为了避免上市后的业绩严重下滑，倾向于在上市前采取保守的会计政

策从而为未来进行正向盈余管理存储利润。早期关于风险投资与 IPO 企业盈余管理的研究结果大多显示，风险投资对企业在上市前的盈余管理具有抑制作用（Morsfield and Tan，2006；Hochberg，2012）。不同于已有研究，我们认为，风险投资对盈余管理的影响并不是完全一致的。风险投资在组织结构以及投资战略上存在差异，导致其受资企业呈现出不同的特征并具有不同的上市动机。因此，企业 IPO 前的盈余管理行为因风险投资背景的不同而存在差异。

表 4.6　IPO 前盈余管理的回归分析

	(1)	(2)	(3)	(4)	(5)	(6)
D_IVC	−0.087**			−0.085**	−0.088**	−0.086**
	(−2.10)			(−2.00)	(−2.12)	(−2.03)
D_NVC	0.003			0.004	0.003	0.004
	(0.15)			(0.18)	(0.17)	(0.20)
lnSIZE		0.003		0.000		0.002
		(0.26)		(0.04)		(0.15)
lnAGE		0.008		0.004		0.004
		(0.53)		(0.26)		(0.28)
D_RANK			−0.001		−0.006	−0.007
			(−0.03)		(−0.28)	(−0.33)
D_MARKET			0.007		0.000	−0.004
			(0.27)		(0.01)	(−0.14)
LEVERAGE	−0.080*	−0.081	−0.073	−0.083	−0.080	−0.084
	(−1.67)	(−1.57)	(−1.45)	(−1.60)	(−1.58)	(−1.61)
D_HITECH	−0.005	0.000	−0.003	−0.003	−0.005	−0.003
	(−0.27)	(0.02)	(−0.17)	(−0.18)	(−0.25)	(−0.15)
CONSTANT	0.092***	0.040	0.076**	0.080	0.095***	0.074
	(2.85)	(0.47)	(2.24)	(0.95)	(2.79)	(0.83)
Adjusted R²	0.0193	0.0059	0.0046	0.0196	0.0195	0.0199
N	480					

注：***、**、*分别表示在 1%、5% 和 10% 的水平下显著。括号中数字为 t 值。

4.4.3　IPO 后的盈余管理

上述分析结果证实了 IVC 支持的企业在上市前倾向于采用相对保守的会计政策。然而，关于其采用保守的会计证策的动机是否为避免上市后的业绩恶化而利用保守的会计政策存储利润这一问题尚未得到解答。由表 4.3 和图 4.1 可见，在上市当年（Year 0）以及上市后的第三年，IVC 支持的 IPO 企业的业绩相较于上市前呈现大幅下跌。因此，IVC 支持的企业在对应年份的 DA 相对较高。虽然没有证据表明 IVC 支持的 IPO 企业与其他企业在上市后的盈余管理水平方面存在显著性差异，然而上述研究结果为我们的研究假设提供了支持：IVC 支持的企业在上市前倾向于采用保守的会计政策，从而避免上市后的业绩恶化。

为了得到更精确的结论，我们进一步地对企业上市后的盈余管理进行了回归分析。鉴于经营活动现金流量下降时，企业具有更强的动机进行正向盈余管理，我们采用 DIFF_OCF 作为主要的自变量。此外，我们认为，IVC 支持的 IPO 企业在上市前采取相对保守的会计证策的动机是为上市后业绩恶化时的正向盈余管理储备空间。为了验证这一观点，我们在模型中加入 DIFF_OCF 与 IPO 前一年盈余管理水平估计值（P_DA）的交叉项。其中，P_DA 通过表 4.6 中的模型（6）估计而得。

表 4.7 中的模型（1）和模型（2）分别是企业聚类标准误和企业固定效应模型的回归结果。由表 4.7 可见，在两个回归模型中，DIFF_OCF 的估计系数均显著为负，表明上市后企业在业绩恶化时具

有更强烈的动机进行收益向上的盈余管理。更重要的是，交叉项 DIFF_OCF ×P_DA 与 IPO 后的盈余管理水平之间呈显著负相关关系，表明 IPO 前采取保守会计政策的企业在上市后面临业绩下滑时，更有可能进行正向盈余管理。结合表 4.6 的分析结果表明，IVC 支持的企业在上市前采取保守的会计政策是为了避免上市后业绩的严重恶化。与之相比，FVC 和 NVC 支持的企业倾向于进行正向盈余管理。正向的盈余管理有助于 FVC 和 NVC 支持的企业获得更高的发行价格并提高 IPO 成功的概率，然而，却也减少了上述企业在上市后利用收益向上的盈余管理维持业绩的机会。

表 4.7　IPO 后盈余管理的回归分析

	(1)		(2)	
P_DA	−0.024	(−0.14)		
DIFF_OCF	−0.305 ***	(−3.98)	−0.754 ***	(−10.79)
DIFF_OCF×P_DA	2.749 *	(1.76)	3.245 **	(2.38)
lnSIZE	0.016 **	(2.40)	0.028	(1.09)
lnAGE	−0.012	(−1.51)	−0.149 ***	(−2.97)
LEVERAGE	−0.115 ***	(−4.15)	−0.476 ***	(−9.85)
D_RANK	−0.004	(−0.47)		
D_MARKET	0.032 ***	(2.89)		
D_HITECH	−0.001	(−0.08)		
CONSTANT	0.007	(0.14)	0.442 *	(1.72)
Adjusted R^2	0.1271		0.3291	
N	1825			

注：*** 、** 和 * 分别表示在 1%、5% 和 10% 的水平下显著。括号中数字为 t 值。

进一步地，我们利用 D_IVC 替代 P_DA 进行了对上市后盈余管理的回归分析（未报告）。结果显示，DIFF_OCF 与 D_IVC 的交互项对上市后的盈余管理并未产生显著影响。造成这一结果的原因可能是，部分 IVC（FVC 和 NVC）支持的企业在上市前出于预期外的动机进行了正向（保守）盈余管理，因此，并不表示上述结果与我们的研究假设相矛盾。综上，我们的研究结果显示，IPO 前的保守会计政策有助于企业在上市后进行收益向上的盈余管理以避免业绩的严重下滑。IVC 支持的 IPO 企业更倾向于在上市前采取保守的会计政策，而在 FVC 和 NVC 支持的 IPO 企业中并没有发现这一倾向。

4.5　本章小结

既有研究结果表明，企业管理者在 IPO 过程中存在两种对立的盈余管理动机：激进的盈余管理和保守的会计政策。本章考察了异质性风险投资的介入对日本 IPO 企业盈余管理动机的影响。本书的第 3 章发现，IVC 支持的企业与 FVC 支持的企业在 IPO 过程中呈现显著的差异性特征。据此，日本的 IPO 数据为我们考察不同的盈余管理动机是否并存于同一 IPO 市场提供了研究便利。

结果显示，利用外部资本市场融资的 IVC 支持的 IPO 企业在上市时呈现年龄低、规模小的特征，并且不存在显著的盈余管理行为。另外，FVC 和 NVC 支持的 IPO 企业在上市前倾向于进行收益向上的盈余管理，其盈余管理水平显著地高于 IVC 支持的 IPO 企业。研究结果还显示，企业 IPO 后的盈余管理水平与上市前后的经营活动现金流量的变化值之间存在显著的负相关关系，并且这种负相关关系在上市前盈余管理水平低的企业中更为显著。以上结果清楚地表明，日本的 IPO 市场上同时存在着两种对立的盈余管理动机：IVC 支持的企业为避免上市后的业绩严重恶化，倾向于在上市前采取保守的会计政策；另外，FVC 以及 NVC 支持的企业则为了提高 IPO 的发行价格和成功概率而在上市前进行正向盈余管理。

综上，我们认为，IPO 前的盈余管理是企业在更高的发行价格所带来的收益和上市后严重的业绩恶化所产生的高昂成本之间权衡的结果，而企业特征以及上市动机是影响企业盈余管理决策的关键因素。

本书相对于已有文献可能产生的贡献包括以下三个方面：

首先，利用日本风险投资附属关系数据进行研究的结果显示，单一市场上同时存在着两种相互对立的盈余管理动机。

其次，我们发现，上市后的业绩表现与盈余管理水平之间的负相关关系在上市前采取保守会计政策的企业中更为显著。已有研究指出，企业为避免上市后业绩的严重下滑而倾向于在上市前采取保守的会计政策，从而为未来的正向盈余管理预留空间。我们的研究结果为盈余管理的这一动机提供了有力的证据支持。

最后，我们拓展了风险投资与盈余管理之间关系的相关研究。大部分学者认为，风险投资能够缓解创业企业与投资者之间的信息不对称因而对企业上市前的盈余管理具有抑制作用（Morsfield and Tan，2006；Hochberg，2012）。不同于先前研究的观点，我们认为，IVC 的投资使企业更倾向于采取保守的会计政策的原因是基于对上市后的企业业绩恶化及其潜在成本的担忧。

5 结 论

风险投资的组织结构（隶属关系）差异对其投资策略具有决定性影响。鉴于风险投资在创业企业的成长过程中发挥着不可忽视的作用，考察风险投资的组织结构如何影响其投资策略进而作用于受资企业具有重要的理论和现实意义。然而，在进行大量的文献回顾后，我们发现已有文献尚未对这一课题进行深入研究。

本书以日本风险投资为研究对象，考察风险投资的组织结构、投资战略以及受资企业特征之间的关系。本书实证检验了风险投资的组织结构对其投资战略的影响（第2章）。先前研究指出，与单纯追求高资本收益的 IVC 不同，BVC 是战略投资者；为拓展母银行的信贷业务，BVC 向创业企业实施股权投资以建立联系（Hellmann，2002；Wang et al.，2002）。Hellmann 等（2008）为这一观点提供了证据支持，银行的直接投资以及通过 BVC 实施的间接投资显著地增加了母银行向受资企业提供贷款的可能性。然而，在控制母银行直接投资的影响后，BVC 的投资能否以及如何拓展母银行信贷业务这一问题尚未得到回答。基于此，本书在控制母银行直接股权投资的影响后，考察 BVC 的持股对母银行贷款提供以及董事派遣的影响。

　　风险投资组织结构的不同会导致其投资目标存在差异（第 2 章）进而作用于受资企业。由此可以推测，不同类型的风险投资的受资企业具有不同的特征。本书以 IVC 为研究对象，考察 IVC 的投资如何影响其受资企业特征（第 3 章）。已有研究中，IVC 通常被认为是积极的投资者，能够为受资企业提供更多的增值服务。不同于先前研究，我们认为，IVC 也可能具有黑暗的一面。特别地，我们认为 IVC 具有将企业在未成熟阶段推动上市的倾向，从而导致受资企业不得不承担较高的 IPO 抑价以及长期业绩低下的后果。

　　IPO 中的盈余管理一直以来都是学者们关注的重点。一部分学者指出，IPO 企业管理者为提高发行价格而倾向于在上市前进行正向的盈余管理；另一部分学者认为，企业在上市前更加偏好保守的会计政策，以防止上市后会计业绩的严重下滑。上述结果表明，企业特征和上市动机对盈余管理具有重要影响。基于此，我们认为，由于 IVC 支持的企业与 FVC 支持的企业在企业特征方面存在显著差异（第 3 章），因而两者在 IPO 过程中会进行不同的盈余管理决策。第 4 章考察了风险投资异质性对 IPO 企业盈余管理的影响。

　　本书利用日本的数据进行研究的结果显示，在控制银行直接投资的影响后，BVC 的投资能够显著地增加母银行向受资企业提供贷款的机会。随着 BVC 持股比例的增加，母银行向创业企业派遣董事的可能性随之提升。以上结果说明，BVC 是从母银行的利益出发开展投资活动的战略投资者。然而，没有结果显示 BVC 的持股比例对母银行贷款额具有显著影响，说明通过 BVC 进行的间接投资与母银行的直接投资在实现母银行战略目标的作用效果上存在差异。

第 3 章的研究结果显示，IVC 支持的企业在 IPO 时点的企业年龄显著地低于 FVC 支持的企业，企业规模相对较小。由于在未成熟阶段过早地上市，IVC 支持的企业倾向于选择低声誉的证券公司担任承销商，并且更多地利用上市条件宽松的证券交易所上市。更重要的是，在未成熟阶段仓促上市的企业具有较高 IPO 抑价，上市后的长期业绩表现也相对较差。上述结果表明，IVC 也具有黑暗的一面，倾向于推动资质差的企业上市。

第 4 章的研究结果显示，IVC 支持的企业在上市前不存在显著的盈余管理行为，而 FVC 支持的企业则进行了显著的正向盈余管理。在上市后，企业的盈余管理水平与经营活动现金流量的变化值之间呈显著的负相关关系，且这种关系在 IPO 前盈余管理水平低的企业中更为显著。以上结果证实，在日本 IPO 市场上存在着两种对立的盈余管理动机：IVC 支持的企业为避免上市后的业绩恶化，倾向于在 IPO 前采取保守的会计政策，FVC 支持的企业为了获得更高的发行价格而更加偏好正向盈余管理。

值得注意的是，我们的部分研究结果归因于日本金融市场的特殊性。例如，我们发现，BVC 的所有权显著地增加了母银行向受资企业派遣董事的机会。这一结果源于日本的母银行制度，母银行通常会向借款企业的董事会派员（Kaplan and Minton，1994）。此外，我们还发现，IVC 具有将未成熟企业推动上市的倾向。这一结果可能是由于在日本的银行主导型的金融体系下，IVC 处于竞争劣势而无法投资于高质量的企业。

本书的研究对于现有研究可能产生的贡献体现在：

　　首先，我们全面地刻画了 BVC 的战略性投资行为，为 BVC 是战略投资者这一观点提供了有力的证据支持。

　　其次，IVC 被普遍认为是更为积极的投资者。不同于已有文献，我们的研究首次揭示了 IVC 也具有黑暗的一面；IVC 可能采取短视行为，倾向于将资质低的企业推动上市。

　　最后，我们发现，不同的盈余管理动机并存于单一的 IPO 市场中，且不同背景的风险投资将对盈余管理产生不同的影响，丰富了风险投资对盈余管理影响的相关研究。

参考文献

［1］ Aggarwal R. , Leal R. , Hernandez, L. The aftermarket performance of initial public offerings in Latin America ［J］. Financial Management, 1993, 22 (1): 42–53.

［2］ Aharony J. , Lin C. J. , Loeb M. P. Initial public offerings, accounting choices, and earnings management ［J］. Contemporary Accounting Research, 1993, 10 (1): 61–81.

［3］ Ahmad–Zaluki N. A. , Campbell K. , Goodacre A. Earnings management in Malaysian IPOs: The east asian crisis, ownership control, and post–IPO performance ［J］. The International Journal of Accounting, 2011, 46 (2): 111–137.

［4］ Arikawa Y. , Imad'Eddine G. Venture capital affiliation with underwriters and the underpricing of initial public offerings in Japan ［J］. Journal of Economics and Business, 2010, 62 (6): 502–516.

［5］ Ball R. , Shivakumar L. Earnings quality at initial public offerings ［J］. Journal of Accounting and Economics, 2008, 45 (2): 324–349.

［6］ Barry C. B. , Muscarella C. J. , Peavy Iii J. W. , Vetsuypens M. R. The role of venture capital in the creation of public companies: Evidence from the going – public process ［J］. Journal of Financial Economics, 1990, 27 （2）: 447–471.

［7］ Baum J. A. , Silverman B. S. Picking winners or building them? Alliance, intellectual, and human capital as selection criteria in venture financing and performance of biotechnology startups ［J］. Journal of Business Venturing, 2004, 19 （3）: 411–436.

［8］ Beatty R. P. , Ritter J. R. Investment banking, reputation, and the underpricing of initial public offerings ［J］. Journal of Financial Economics, 1986, 15 （1）: 213–232.

［9］ Beckman J. , Garner J. , Marshall B. , Okamura H. The influence of underwriter reputation, keiretsu affiliation, and financial health on the underpricing of Japanese IPOs ［J］. Pacific–Basin Finance Journal, 2001, 9 （5）: 513–534.

［10］ Ber H. , Yafeh Y. , Yosha O. Conflict of interest in universal banking: Bank lending, stock underwriting, and fund management ［J］. Journal of Monetary Economics, 2001, 47 （1）: 189–218.

［11］ Berger A. N. , Udell G. F. Relationship lending and lines of credit in small firm finance ［J］. Journal of Business, 1995, 68 （3）: 351–381.

［12］ Berger A. N. , Udell G. F. Small business credit availability and relationship lending: The importance of bank organizational structure

[J]. The Economic Journal, 2002, 112 (477): 32-53.

[13] Bhabra H. S., Pettway R. H. IPO prospectus information and subsequent performance [J]. Financial Review, 2003, 38 (3): 369-397.

[14] Black B. S., Gilson R. J. Venture capital and the structure of capital markets: Banks versus stock markets [J]. Journal of Financial Economics, 1998, 47 (3): 243-277.

[15] Booth J. R., Deli D. N. On executives of financial institutions as outside directors [J]. Journal of Corporate Finance, 1999, 5 (3): 227-250.

[16] Bottazzi L., Da Rin M., Hellmann T. Who are the active investors? Evidence from venture capital [J]. Journal of Financial Economics, 2008, 89 (3): 488-512.

[17] Brau J. C., Fawcett S. E. Initial public offerings: An analysis of theory and practice [J]. Journal of Finance, 2006, 61 (1): 399-436.

[18] Brau J. C., Johnson P. M. Earnings management in IPOs: Post-engagement third-party mitigation or issuer signaling? [J]. Advances in Accounting, 2009, 25 (2): 125-135.

[19] Brav A., Gompers P. A. Myth or reality? The long-run underperformance of initial public offerings: Evidence from venture and nonventure capital-backed companies [J]. Journal of Finance, 1997, 52 (5): 1791-1821.

［20］ Byrd D. T. , Mizruchi M. S. Bankers on the board and the debt ratio of firms ［J］. Journal of Corporate Finance, 2005, 11 (1): 129-173.

［21］ Cai J. , Wei K. C. The investment and operating performance of Japanese initial public offerings ［J］. Pacific-Basin Finance Journal, 1997, 5 (4): 389-417.

［22］ Carter D. A. , McNulty J. E. , Verbrugge J. A. Do small banks have an advantage in lending? An examination of risk-adjusted yields on business loans at large and small banks ［J］. Journal of Financial Services Research, 2004, 25 (2-3): 233-252.

［23］ Carter R. B, Manaster S. Initial public offerings and underwriter reputation ［J］. Journal of Finance, 1990, 45 (4): 1045-1067.

［24］ Carter R. B. , Dark F. H. , Singh A. K. Underwriter reputation, initial returns, and the long-run performance of IPO stocks ［J］. Journal of Finance, 1998, 53 (1): 285-311.

［25］ Chahine S. , Arthurs J. D. , Filatotchev I. , Hoskisson R. E. The effects of venture capital syndicate diversity on earnings management and performance of IPOs in the US and UK: An institutional perspective ［J］. Journal of Corporate Finance, 2012, 18 (1): 179-192.

［26］ Chan K. , Wang J. , Wei K. C. Underpricing and long-term performance of IPOs in China ［J］. Journal of Corporate Finance, 2004, 10 (3): 409-430.

[27] Chaney P. K. , Lewis C. M. Income smoothing and underperformance in initial public offerings [J]. Journal of Corporate Finance, 1998, 4 (1): 1-29.

[28] Chang S. C. , Chung T. Y. , Lin W. C. Underwriter reputation, earnings management and the long-run performance of initial public offerings [J]. Accounting and Finance, 2010, 50 (1): 53-78.

[29] Chen G. , Firth M. , Kim J. B. IPO underpricing in China's new stock markets [J]. Journal of Multinational Financial Management, 2004, 14 (3): 283-302.

[30] Chevalier J. A. , Ellison G. D. Risk taking by mutual funds as a response to incentives [J]. Journal of Political Economy, 1997, 105 (6): 1167-1200.

[31] Chung R. , Firth M. , Kim J. B. Institutional monitoring and opportunistic earnings management [J]. Journal of Corporate Finance, 2002, 8 (1): 29-48.

[32] Cole R. A. The importance of relationships to the availability of credit [J]. Journal of Banking and Finance, 1998, 22 (6): 959-977.

[33] Corwin S. A. , Harris J. H. The initial listing decisions of firms that go public [J]. Financial Management, 2001, 30 (1): 35-55.

[34] Cumming D. Contracts and exits in venture capital finance [J]. Review of Financial Studies, 2008, 21 (5): 1947-1982.

［35］ Da Rin M. , Hellmann T. F. , Puri M. A survey of venture capital research［J］. National Bureau of Economic Research, 2011 (1): 7-14.

［36］ Darrough M. , Rangan S. Do insiders manipulate earnings when they sell their shares in an initial public offering? ［J］. Journal of Accounting Research, 2005, 43 (1): 1-33.

［37］ Dechow P. M. , Sloan R. G. , Sweeney A. P. Detecting earnings management ［J］. Accounting Review, 1995, 70 (2): 193-225.

［38］ De La Torre A. , Martínez Pería M. S. , Schmukler S. L. Bank involvement with SMEs: Beyond relationship lending ［J］. Journal of Banking and Finance, 2010, 34 (9): 2280-2293.

［39］ Diamond D. W. Reputation acquisition in debt markets ［J］. Journal of Political Economy, 1989, 97 (4): 828-862.

［40］ Dittmann I. , Maug E. , Schneider C. Bankers on the boards of German firms: What theydo, what they are worth, and why they are (still) there ［J］. Review of Finance, 2010, 14 (1): 35-71.

［41］ Dolvin S. D. , Jordan B. D. Underpricing, overhang, and the cost of going public to preexisting shareholders ［J］. Journal of Business Finance and Accounting, 2008, 35 (3-4): 434-458.

［42］ Ducharme L. L. , Malatesta P. H. , Sefcik S. E. Earnings management, stock issues, and shareholder lawsuits ［J］. Journal of Financial Economics, 2004, 71 (1): 27-49.

［43］ Ducharme L. L. , Malatesta P. H. , Sefcik S. E. Earnings management: IPO valuation and subsequent performance ［J］. Journal of Accounting, Auditing and Finance, 2001, 16 (4): 369–396.

［44］ Engelen P. J. , Van Essen M. Underpricing of IPOs: Firm–, issue–and country–specific characteristics ［J］. Journal of Banking and Finance, 2010, 34 (8): 1958–1969.

［45］ Fama E. F. , French K. R. New lists: Fundamentals and survival rates ［J］. Journal of Financial Economics, 2004, 73 (2): 229–269.

［46］ Fama E. F. , Jensen M. C. Separation of ownership and control ［J］. Journal of Law and Economics, 1983, 26 (2): 301–325.

［47］ Fan Q. Earnings management and ownership retention for initial public offering firms: Theory and evidence ［J］. The Accounting Review, 2007, 82 (1): 27–64.

［48］ Francis B. B. , Hasan I. , Zhou M. Strategic conservative earnings management of technology firms: Evidence from the IPO market ［J］. Financial Markets, Institutions and Instruments, 2012, 21 (5): 261–293.

［49］ Friedlan J. M. Accounting choices of issuers of initial public offerings ［J］. Contemporary Accounting Research, 1994, 11 (1): 1–31.

［50］ Gande A. , Puri M. , Saunders A. Bank entry, competition, and the market for corporate securities underwriting ［J］. Journal of

Financial Economics, 1999, 54 (2): 165-195.

[51] Gande A., Puri M., Saunders A., Walter I. Bank underwriting of debt securities: Modern evidence [J]. Review of Financial Studies, 1997, 10 (4): 1175-1202.

[52] Gompers P. Optimal investment, monitoring, and the staging of venture capital [J]. Journal of Finance, 1995, 50 (5): 1461-1489.

[53] Gompers P. Grandstanding in the venture capital industry [J]. Journal of Financial Economics, 1996, 42 (1): 133-156.

[54] Gompers P., Lerner J. The venture capital revolution [J]. Journal of Economic Perspectives, 2001, 15 (2): 145-168.

[55] Gompers P., Lerner J. Conflict of interest in the issuance of public securities: Evidence from venture capital [J]. National Bureau of Economic Research, 1998 (1): 7-14.

[56] Gompers P., Lerner J. The determinants of corporate venture capital success: Organizational structure, incentives, and complementarities [M]. Chicago: University of Chicago Press, 2000.

[57] Gorman M., Sahlman W. A. What do venture capitalists do? [J]. Journal of Business Venturing, 1989, 4 (4): 231-248.

[58] Hamao Y., Packer F., Ritter J. R. Institutional affiliation and the role of venture capital: Evidence from initial public offerings in Japan [J]. Pacific-Basin Finance Journal, 2000, 8 (5): 529-558.

[59] Hellmann T., Lindsey L., Puri M. Building relationships

early：Banks in venture capital［J］. Review of Financial Studies，2008，21（2）：513-541.

［60］Hellmann T. A theory of strategic venture investing［J］. Journal of Financial Economics，2002，64（2）：285-314.

［61］Hellmann T. ，Puri M. Venture capital and the professionalization of start - up firms：Empirical evidence［J］. Journal of Finance，2002，57（1）：169-197.

［62］Hermalin B. E. ，Weisbach M. S. The determinants of board composition［J］. The Rand Journal of Economics，1988，19（4）：589-606.

［63］Hibara N. ，Mathew P. G. Grandstanding and venture capital firms in newly established IPO markets［J］. Journal of Entrepreneurial Finance，2004，9（3）：77-85.

［64］Himmelberg C. P. ，Morgan D. P. Is bank lending special? In Conference Series - Federal Reserve Bank of Boston［J］. Federal Reserve Bank of Boston，1995（1）：7-14.

［65］Hoberg G. ，Seyhun H. Do underwriters collaborate with venture capitalists in IPOs? Implications and evidence. Unpublished working paper［EB/OL］. http：//papers. ssrn. com/sol3/papers. cfm? abstract _ id = 690421，2009.

［66］Hochberg Y. V. Venture capital and corporate governance in the newly public firm［J］. Review of Finance，2012，16（2）：429-480.

［67］Houston J. ，James C. Bank information monopolies and the mix of private and public debt claims ［J］. Journal of Finance, 1996, 51 (5): 1863–1889.

［68］ Hovakimian A. , Hovakimian G. , Tehranian H. Determinants of target capital structure: The case of dual debt and equity issues ［J］. Journal of Financial Economics, 2004, 71 (3): 517–540.

［69］ Hribar P. , Collins D. W. Errors in estimating accruals: Implications for empirical research ［J］. Journal of Accounting Research, 2002, 40 (1): 105–134.

［70］ Hsu D. H. What do entrepreneurs pay for venture capital affiliation? ［J］ . Journal of Finance, 2004, 59 (4): 1805–1844.

［71］ Hwang C. Y. , Jayaraman N. The post – listing puzzle: Evidence from Tokyo Stock Exchange listing ［J］. Pacific–Basin Finance Journal, 1993, 1 (2): 111–126.

［72］ Ivanov V. I. , Xie F. Do corporate venture capitalists add value to start – up firms? Evidence from IPOs and acquisitions of VC – backed companies ［J］. Financial Management, 2010, 39 (1): 129– 152.

［73］ Jain B. A. , Kini O. On investment banker monitoring in the new issues market ［J］. Journal of Banking and Finance, 1999, 23 (1): 49–84.

［74］ Jain B. A. , Kini O. The post–issue operating performance of IPO firms ［J］. Journal of Finance, 1994, 49 (5): 1699–1726.

［75］ Jain B. A. , Kini O. Venture capitalist participation and the post－issue operating performance of IPO firms ［J］. Managerial and Decision Economics, 1995, 16 (6): 593－606.

［76］ Jo H. , Kim Y. Disclosure frequency and earnings management ［J］. Journal of Financial Economics, 2007, 84 (2): 561－590.

［77］ Johan S. A. Listing standards as a signal of IPO preparedness and quality ［J］. International Review of Law and Economics, 2010, 30 (2): 128－144.

［78］ Johnson J. M. , Miller R. E. Investment banker prestige and the underpricing of initial public offerings ［J］. Financial Management, 1988, 17 (2): 19－29.

［79］ Johnson S. A. The effect of bank debt on optimal capital structure ［J］. Financial Management, 1998, 27 (1): 47－56.

［80］ Kaneko T. , Pettway R. H. Auctions versus book building of Japanese IPOs ［J］. Pacific－Basin Finance Journal, 2003, 11 (4): 439－462.

［81］ Kang J. K. , Liu W. L. Is universal banking justified? Evidence from bank underwriting of corporate bonds in Japan ［J］. Journal of Financial Economics, 2007, 84 (1): 142－186.

［82］ Kao J. L. , Wu D. , Yang Z. Regulations, earnings management, and post－IPO performance: The Chinese evidence ［J］. Journal of Banking and Finance, 2009, 33 (1): 63－76.

［83］ Kaplan S. N. , Lerner J. It ain't broke: The past, present, and future of venture capital ［J］. Journal of Applied Corporate Finance,

2010, 22 (2): 36-47.

[84] Kaplan S. N., Minton B. A. Appointments of outsiders to Japanese boards: Determinants and implications for managers [J]. Journal of Financial Economics, 1994, 36 (2): 225-258.

[85] Kaplan S. N., Stromberg P. E. Characteristics, contracts, and actions: Evidence from venture capitalist analyses [J]. Journal of Finance, 2004, 59 (5): 2177-2210.

[86] Kaplan S. N., Stromberg P. E. Financial contracting theory meets the real world: An empirical analysis of venture capital contracts [J]. Review of Economic Studies, 2003, 70 (2): 281-315.

[87] Kim J. B., Krinsky I., Lee J. Motives for going public and underpricing: New findings from Korea [J]. Journal of Business Finance and Accounting, 1993, 20 (2): 195-211.

[88] Kim J. B., Krinsky I., Lee J. The aftermarket performance of initial public offerings in Korea [J]. Pacific-Basin Finance Journal, 1995, 3 (4): 429-448.

[89] Kimbro M. B. Managing underpricing? The case of pre-IPO discretionary accruals in China [J]. Journal of International Financial Management and Accounting, 2005, 16 (3): 229-262.

[90] Kirkulak B., Davis C. Underwriter reputation and underpricing: Evidence from the Japanese IPO market [J]. Pacific - Basin Finance Journal, 2005, 13 (4): 451-470.

[91] Klein A., Mohanram P. S. Why did so many poor-performing

firms come to market in the late 1990s? Nasdaq listing standards and the bubble ［EB/OL］. http：//archive. nyu. edu/bitstream/2451/27457/2/ SSRN-id680667. pdf.

［92］ Konishi M. Bond underwriting by banks and conflicts of interest：Evidence from Japan during the pre-war period ［J］. Journal of Banking and Finance，2002，26（4）：767-793.

［93］ Konishi M. ，Suzuki K. Thebenefits of concurrent bank lending and investing via bank-affiliated venture capital ［J］. Hitotsubashi Journal of Commerce and Management，2007，41（1）：19-36.

［94］ Kroszner R. S. ，Rajan R. G. Is the Glass-Steagall Act justified? A study of the US experience with universal banking before 1933 ［J］. The American Economic Review，1994，84（4）：810-832.

［95］ Kroszner R. S. ，Strahan P. E. Bankers on boards：Monitoring，conflicts of interest，and lender liability ［J］. Journal of Financial Economics，2001，62（3）：415-452.

［96］ Kutsuna K. ，Hasegawa H. ，Yamamoto K. Handbook of Venture Capital ［J］. Chuokeizaisya（in Japanese），2006（1）：7-14.

［97］ Kutsuna K. ，Okamura H. ，Cowling M. Ownership structure pre-and post-IPOs and the operating performance of JASDAQ companies ［J］. Pacific-Basin Finance Journal，2002，10（2）：163-181.

［98］ Kutsuna K. ，Smith J. K. ，Smith R. Banking relationships and access to equity capital markets：Evidence from Japan's main bank system ［J］. Journal of Banking and Finance，2007，31（2）：335-

360.

［99］ Kutsuna K., Smith R. Why does book building drive out auction methods of IPO issuance? Evidence from Japan ［J］. Review of Financial Studies, 2004, 17（4）: 1129-1166.

［100］ Lee G., Masulis R. W. Do more reputable financial institutions reduce earnings management by IPO issuers? ［J］ Journal of Corporate Finance, 2011, 17（4）: 982-1000.

［101］ Lerner J. Venture capitalists and the decision to go public ［J］. Journal of Financial Economics, 1994, 35（3）: 293-316.

［102］ Lerner J. Venture capitalists and the oversight of private firms ［J］. Journal of Finance, 1995, 50（1）: 301-318.

［103］ Levis M. The long-run performance of initial public offerings: The UK experience 1980-1988 ［J］. Financial Management, 1993（1）: 28-41.

［104］ Ljungqvist A. P. IPO underpricing, wealth losses and the curious role of venture capitalists in the creation of public companies ［EB/OL］. http://users. ox. ac. uk/~ ofrcinfo/file _ links/finecon _ papers/1999fe04. pdf.

［105］ Locke S. M., Gupta K. The performance of entrepreneurial companies post-listing on the New Zealand Stock Exchange ［J］. Venture Capital, 2008, 10（1）: 87-110.

［106］ Loughran T., Ritter J. R. The new issues puzzle ［J］. Journal of Finance, 1995, 50（1）: 23-51.

［107］Loughran T. , Ritter J. R. , Rydqvist K. Initial public offerings：International insights ［J］. Pacific – Basin Finance Journal, 1994, 2（2）：165–199.

［108］Masulis R. W. , Nahata R. Financial contracting with strategic investors：Evidence from corporate venture capital backed IPOs ［J］. Journal of Financial Intermediation, 2009, 18（4）：599–631.

［109］Mayer C. , Schoors K. , Yafeh Y. Sources of funds and investment activities of venture capital funds：Evidence from Germany, Israel, Japan and the United Kingdom ［J］. Journal of Corporate Finance, 2005, 11（3）：586–608.

［110］Megginson W. L. , Weiss K. A. Venture capitalist certification in initial public offerings ［J］. Journal of Finance, 1991, 46（3）：879–903.

［111］Mikkelson W. H. , Megan Partch M. , Shah K. Ownership and operating performance of companies that go public ［J］. Journal of Financial Economics, 1997, 44（3）：281–307.

［112］Miyakawa D. , Takizawa M. Time to IPO：A role of VC syndication. Unpublished working paper ［EB/OL］. http：//www. eea – esem. com/files/papers/eea–esem/2012/949/IPO_ver10_forEEA. pdf.

［113］Morsfield S. G. , Tan C. E. Do venture capitalists influence the decision to manage earnings in initial public offerings? ［J］. The Accounting Review, 2006, 81（5）：1119–1150.

［114］Ongena S. , Smith D. C. The duration of bank relationships

[J]. Journal of Financial Economics, 2001, 61 (3): 449−475.

[115] Paudyal K. , Saadouni B. , Briston R. J. Privatisation initial public offerings in Malaysia: Initial premium and long−term performance [J]. Pacific−Basin Finance Journal, 1998, 6 (5): 427−451.

[116] Petersen M. A. , Rajan R. G. The benefits of lending relationships: Evidence from small business data [J]. Journal of Finance, 1994, 49 (1): 3−37.

[117] Pettway R. H. , Kaneko T. The effects of removing price limits and introducing auctions upon short−term IPO returns: The case of Japanese IPOs [J]. Pacific − Basin Finance Journal, 1996, 4 (2): 241−258.

[118] Puri M. The long − term default performance of bank underwritten security issues [J]. Journal of Banking and Finance, 1994, 18 (2): 397−418.

[119] Puri M. Commercial banks in investment banking conflict of interest or certification role? [J] . Journal of Financial Economics, 1996, 40 (3): 373−401.

[120] Rajan R. G. , Zingales L. What do we know about capital structure? Someevidence from international data [J]. Journal of Finance, 1995, 50 (5): 1421−1460.

[121] Rindermann G. The performance of venture−backed IPOs on Europe's new stock markets: Evidence from France, Germany and the UK [J]. Advances in Financial Economics, 2004 (10): 231−294.

［122］Ritter J. R. The "hot issue" market of 1980 ［J］. Journal of Business, 1984, 57 (2): 215–240.

［123］Ritter J. R. The long – run performance of initial public offerings ［J］. Journal of Finance, 1991, 46 (1): 3–27.

［124］Ritter J. R., Welch I. A review of IPO activity, pricing, and allocations ［J］. Journal of Finance, 2002, 57 (4): 1795–1828.

［125］Rock K. Why new issues are underpriced ［J］. Journal of Financial Economics, 1986, 15 (1): 187–212.

［126］Roosenboom P., Van der Goot T., Mertens G. Earnings management and initial public offerings: Evidence from the Netherlands ［J］. The International Journal of Accounting, 2003, 38 (3): 243–266.

［127］Sahlman W. A. The structure and governance of venture – capital organizations ［J］. Journal of Financial Economics, 1990, 27 (2): 473–521.

［128］Sherman Cheung C., Lee J. Disclosure environment and listing on foreign stock exchanges ［J］. Journal of Banking and Finance, 1995, 19 (2): 347–362.

［129］Sirri E. R., Tufano P. Costly search and mutual fund flows ［J］. Journal of Finance, 1998, 53 (5): 1589–1622.

［130］Sun Y., Uchida K., Matsumoto M. The dark side of independent venture capitalists: Evidence from Japan ［J］. Pacific–Basin Finance Journal, 2013 (1): 7–14.

［131］ Takaoka S. , McKenzie C. R. The impact of bank entry in the Japanese corporate bond underwriting market ［J］. Journal of Banking and Finance, 2006, 30 (1): 59-83.

［132］ Teoh S. H. , Welch I. , Wong T. J. Earnings management and the long－run market performance of initial public offerings ［J］. Journal of Finance, 1998, 53 (6): 1935-1974.

［133］ Tian X. The causes and consequences of venture capital stage financing ［J］. Journal of Financial Economics, 2011, 101 (1): 132-159.

［134］ Titman S. , Wessels R. The determinants of capital structure choice ［J］. Journal of Finance, 1988, 43 (1): 1-19.

［135］ Tykvova T. , Walz U. How important is participation of different venture capitalists in German IPOs? ［J］ . Global Finance Journal, 2007, 17 (3): 350-378.

［136］ Van Osnabrugge M. , Robinson R. J. The influence of a venture capitalist's source of funds ［J］. Venture Capital, 2001, 3 (1): 25-39.

［137］ Wang C. K. , Wang K. , Lu Q. Effects of venture capitalists' participation inlisted companies ［J］. Journal of Banking and Finance, 2003, 27 (10): 2015-2034.

［138］ Wang K. , Wang C. K. , Lu Q. Differences in performance of independent and finance－affiliated venture capital firms ［J］. Journal of Financial Research, 2002, 25 (1): 59-80.

［139］ Williamson O. E. Organization form, residual claimants, and corporate control ［J］. Journal of Law and Economics, 1983, 26 (2): 351–366.

［140］ Wongsunwai W. The effect of external monitoring on accrual–based and real earnings management: Evidence from venture – backed initial public offerings ［J］. Contemporary Accounting Research, 2013, 30 (1): 296–324.

［141］ Wongsunwai W. Does venture capitalist quality affect corporate governance? ［EB/OL］. http: //citeseerx. ist. psu. edu/viewdoc/ download? doi = 10. 1. 1. 151. 2847&rep = rep1 &type = pdf.

［142］ Yasuda A. Do bank relationships affect the firm's underwriter choice in the corporate–bond underwriting market? ［J］ Journal of Finance, 2005, 60 (3): 1259–1292.

［143］ Yi J. H. Pre–offering earnings and the long–run performance of IPOs ［J］. International Review of Financial Analysis, 2001, 10 (1): 53–67.